JN046857

関口宏・保阪正康の

もう一度！近現代史

戦争の時代へ

関口宏
Hiroshi Sekiguchi
保阪正康
Masayasu Hosaka

講談社

関口宏・保阪正康のもう一度！近現代史

戦争の時代へ

講談社

目次

01 大正元年 シーメンス事件の謀略 政争で幕を開けた大正時代……10
02 大正3年 第一次大戦に参戦 ドイツ人捕虜が徳島で歌った「第九」……16
03 大正4年 対華21ヵ条要求 軍閥トップ・袁世凱と日本の秘密交渉……21
04 大正4年 衆院解散！ 元老・大隈重信列車遊説パフォーマンスで圧勝……26
05 大正5年 欧州大戦がもたらした空前の好景気 人口急増の「軍艦島」……30
06 大正6年 ドロ沼化する大戦 Uボート迎撃に出動した日本海軍……35
07 大正6年 ロシア臨時政府崩壊、スタルヒン、モロゾフが日本へ亡命……40
08 大正7年 力士から始まったパンデミック スペイン風邪大流行……45
09 大正7年 シベリア出兵が引き起こした「買い占め」と米騒動……51
10 大正7年 藩閥は大嫌い 盛岡出身の平民宰相・原敬の憲法愛……56
11 大正7年 第一次大戦 「ドイツ敗北」の理由を研究した日本軍……60
12 大正8年 「マスクをかけぬ命知らず」 1年後にやってきた第二波……65
13 大正8年 パリ講和会議 「主要5ヵ国」入りした日本の昂揚……70

14 大正8年 アメリカ・ソ連・ドイツは不参加 「国際連盟」が発足……76
15 大正9年 735名が犠牲になった惨劇 「尼港事件」と日ソの衝突……81
16 大正10年 裕仁皇太子欧州歴訪の旅 ジョージ5世とロンドンの街へ……85
17 大正10年 東京駅で暗殺された平民宰相 18歳の実行犯の背後関係……90
18 大正10年 摂政になった皇太子 大正天皇の心痛と療養生活……94
19 大正10年 ワシントン会議 「日英同盟」解消のウラ事情……98
20 大正11年 「天皇制打倒」をスローガンに結成された秘密政党……103
21 大正12年 帝国国防方針を改訂「アメリカを仮想敵国の筆頭とする」……107
22 大正12年 9万2000人が火災で犠牲に 関東大震災の悲劇……111
23 大正12年 摂政の乗った車を銃撃! 虎ノ門事件の衝撃とご成婚……117
24 大正13年 日本人移民を全面禁止 アメリカの秘密戦略「オレンジ計画」……122
25 大正13年 紫禁城を追われた溥儀を保護、軍閥・張作霖を操る関東軍……127
26 大正14年 「天下の悪法」治安維持法 普通選挙とほぼ同時に公布……132

27 大正14年 山手線開通、ブラウン管テレビ成功、大衆雑誌の隆盛……137
28 大正15年 「今日は帝劇、明日は三越」 東京の富裕層と農村の貧困……142
29 大正15年 抜きんでた文才 葉山御用邸で療養中の大正天皇47歳で崩御……147
30 昭和元年 即位した新天皇 「昭和時代」国民への最初のメッセージ……153
31 昭和2年 「銀行が破綻しました」 大臣の失言が金融恐慌の引き金……158
32 昭和2年 蔣介石が進軍開始！ 第二次東方会議で「満州をどうする」……163
33 昭和2年 「マネキンガール」の登場と特高警察の共産党一斉検挙……169
34 昭和3年 満州某重大事件 張作霖を爆殺した関東軍のどす黒い目的……174
35 昭和3年 アムステルダム五輪 三段跳び織田が予想外？ の金メダル……181
36 昭和3年 憲法9条の原型 ブリアン・ケロッグ条約締結……185
37 昭和4年 異能の将校・石原莞爾の世界最終戦争論と「一夕会」……190
38 昭和4年 「話が違う」天皇に叱責された田中義一首相辞任直後の死……196
39 昭和5年 浜口雄幸の大誤算 金本位制復帰がもたらした昭和恐慌……200

40 昭和5年 鳩山一郎が大批判した対英米「軍艦保有率7割」の制限……206
41 昭和5年 東京駅で現職総理が撃たれ重傷　佐郷屋留雄の凶弾……211
42 昭和6年 松岡洋右の帝国議会「満蒙は日本の生命線」発言の波紋……215
43 昭和6年 日本軍スパイ惨殺事件を利用した謀略・柳条湖爆破事件……219
44 昭和6年 陸軍の二大派閥「皇道派」「統制派」と幻のテロ計画……225
45 昭和6年 天津を脱出したラストエンペラー溥儀の「利用価値」……230
46 昭和7年 関東軍満州へ進撃！　暴走を憂慮する天皇の勅語……236
47 昭和7年 第一次上海事変　川島芳子を使った関東軍の謀略……242
48 昭和7年 リットン調査団来日で早まった満州国の建国……246
49 昭和7年 「一人一殺」のテロ組織　血盟団事件の衝撃……252
50 昭和7年 五・一五事件　「問答無用」で殺された犬養首相……257
51 昭和7年 満州国承認のウラでつくられていた秘密協定……264
52 昭和8年 大ヒット「東京音頭」は「ええじゃないか」の昭和版か……272

53 昭和9年 満州帝国皇帝・溥儀が関東軍に禁じられた満州服……277
54 昭和9年 室戸台風直撃と東北大凶作、青年将校たちの苛立ち……282
55 昭和9年 満鉄の超特急「あじあ号」デビュー 流線形が流行語に……286
56 昭和10年 美濃部達吉の「天皇機関説」はなぜ排撃されたのか……289
57 昭和10年 二つ目の傀儡国家を狙う日本軍 華北五省に進撃……294
58 昭和11年 二・二六 雪の東京に敷かれた戒厳令と天皇の怒り……300

関連年表……312
スタッフクレジット……316
写真・図版出典一覧……317

幕末・明治の開国から50年足らずで、驚きの近代化を成し遂げたニッポン。
今度は欧米に肩を並べる世界の一等国を目指して走りはじめる！

01

大正元（1912）年7月30日

シーメンス事件の謀略 政争で幕を開けた大正時代

新天皇が即位し、大正時代が幕を開ける。しかし、明治以来の元老や陸軍の暴走によって政界は混乱し、次々に総理が交代する混乱の時期が続いた。

関口　明治天皇崩御にともない、大正元年7月30日、新天皇が即位します。しかし天皇の周りにいる元老の顔ぶれは、明治時代からそれほど変わっていないのですね。

保阪　山縣有朋（やまがたありとも）など、明治時代とほぼ同じです。明治の発展に貢献してきた元老はほとんどが薩摩・長州出身で、天皇は彼らを煙たく思っていた節があります。明治末期、皇太子だった大正天皇は宮中で山縣とすれ

即位した大正天皇と皇后

違うとき、自分から一歩横に引いて山縣を通したという話もあります。一方、元老は「この天皇は大丈夫か」と不安視しており、「俺たちが天皇を鍛えなければ」という思いを持っていたのではないかと思います。

関口　即位当時、天皇は32歳。まだお若いですからね。

保阪　軍事よりも和歌や漢詩、語学の勉強を好む文人肌の君主でした。近代日本は天皇に「強さ」や「剛直さ」を求めましたから、天皇自身もご苦労されたと思います。

関口　さて、この年の11月、元老の山縣有朋と陸軍は、陸軍の増設要求を出しますが、西園寺（さいおんじ）内閣が拒否。すると陸軍大臣の上原勇作（うえはらゆうさく）が直接、天皇に辞表を出します。陸軍が政府を無視する行動に出たんですね。陸軍大臣が総理大臣を無視して、天皇に直接、辞表を出せるものですか。

保阪　当時の軍部には、日露戦争に負けたロシアが必ず復讐してくるのだから、軍備を増強しなければいけないという焦り、つまり「恐露病」があったんです。軍の力は政治の領域を超えていると主張したかったのでしょう。俺たちは天皇に直接ものが言えるのだと見せつける強引な手法です。

この当時は「軍部大臣現役武官制」といって、陸海軍の大臣は現役軍人に限られるという取り決めがあったため、陸軍はそれを逆手に取り、後任の陸軍大臣を出しませんでした。

関口　それで大正元年12月5日、西園寺内閣は組閣に失敗して総辞職するのですね。

保阪　次の総理になったのが、山縣と同じ長州出身で陸軍軍人だった桂太郎です。このとき桂は、大正天皇の詔勅（お墨付きのお言葉）を得て、天皇を後ろ盾にして就任します。桂をはじめとする長州閥のこの強引なやり方に、立憲政友会の尾崎行雄や、立憲国民党の犬養毅などの政党人や新聞記者、実業家、一般庶民まで反発します。これがいわゆる「第一次護憲運動」で、この運動は全国に広がりました。

関口　デモクラシー（民主主義）が、日本の中で育

日比谷に詰めかけた群衆と警戒にあたる憲兵

ちはじめたのですね。

保阪 尾崎や犬養は新聞記者出身ですが、このころになると文化的な素養のある政党人が出てきますし、議会政治を守ろうとする動きも出てきたのでしょう。庶民の間にも、政府が自分たちの利益に反するようなことをすればデモで訴え、それが通らなければ過激化するという空気が生まれていました。この後、警察署の焼き討ちなど、日増しに暴動化していきます。

関口 その勢いに押されて大正2年2月11日、桂内閣が倒れます。これが「大正政変」と呼ばれる出来事ですが、わずか53日間の政権でした。

次に総理に就任したのは山本権兵衛(やまもとごんべえ)。この人も薩摩出身で海軍軍人です。

保阪 陸軍と違い、海軍の軍人は早くから遠洋航海訓練でいろいろな国へ渡り、各国はどう動くのか、日本はどう動けばいいかも学んでいます。山本は政党とうまくやらなければ政治は動かせないと考えていた、理知的な政治家だったと思います。実際、山本は法改正し、現役を引退した大将・中将にまで大臣資格を広げて、陸軍独走に歯止めをかけようとします。

関口 しかし、そこで大事件が起こります。大正3年1月、ドイツの軍需

帝国ホテルに集まった桂太郎(右端)と新政党同志会

会社のシーメンス社から海軍の高級将校への賄賂が発覚。また、戦艦「金剛」の建造をめぐって、イギリスのヴィッカース社と三井物産、海軍上層部の間でも賄賂があったことが判明します。この責任を取って、山本内閣は大正3年3月24日、総辞職します。

保阪　海軍の高官たちが賄賂を受け取ったとして、山本がその責を負うわけです。山本自身は一銭ももらっていないのですが。

この事件、実は謀略があったのではないかと言われています。山本は政党に妥協しているとして、それを良く思わない山縣らが策をめぐらせたという説があります。私は説得力がある説だと思いますね。

関口　山本権兵衛がはめられたということですか。

その山本内閣の後を継いで76歳で2度目の総理になったのが、大隈重信(おおくましげのぶ)

立憲政友会などが内閣不信任決議案を提出

です。

保阪　軍閥や薩長閥への反発が高まっていましたから、山縣はそれを鎮めるため、国民に人気のあった大隈重信を引っ張ってきたのです。政党人よりはマシということでしょうね。

02

大正3（1914）年8月23日

第一次大戦に参戦　ドイツ人捕虜が徳島で歌った「第九」

ヨーロッパ中を戦渦に巻き込んだ第一次世界大戦に、日本も参戦。その背景には、ドイツの持つ中国利権を奪う狙いがあった。

関口　大正3年6月28日、オーストリア・ハンガリー帝国の帝位継承者夫妻が、自国領であるボスニア・ヘルツェゴビナの州都サラエボでセルビア人青年に暗殺されました（サラエボ事件）。それによって第一次世界大戦が始まります。

保阪　1ヵ月後にはオーストリア・ハンガリー帝国がセルビアに宣戦布告して、その後は一気にヨーロッパ中を巻き込む世界大戦に発展していくのです。

ボスニアを訪れたオーストリア皇太子夫妻。この数分後に暗殺された

当初すぐに片がつくと言われていたのに、結局終結まで4年以上もかかってしまいました。このときはじめて「世界戦争」という言葉が使われています。

関口　死者はなんと1700万人。当時としては、人類史上最悪の戦争になったのですね。

保阪　この戦いでは武器や戦備が異様に発達し、「戦争」の内容がガラリと変わりました。もっとも大きいのは、化学兵器や毒ガスが使われはじめたことです。非人道的な大量殺戮（さつりく）兵器の登場で、戦争が兵士同士の戦いから国と国との総力戦になったのです。

関口　オーストリア・ハンガリーの宣戦布告を受け、セルビアの後ろ盾だったロシア、さらにロシアと「三国協商」を結んでいたフランス、イギリス、さらにイタリアが参戦します。一方、オーストリア・ハンガリーと「三国同盟」を結んでいたドイツも参戦、欧州全土を巻き込む戦争に発展しました。

日本は、遠いヨーロッパの戦争だと思っていたのでしょう。ところが、

銃撃後逮捕され、
連行される銃撃犯

イギリスから「アジアにいるドイツの軍艦を攻撃してほしい」という要請が届きます。それで日本はどう対応しましたか。

保阪　外相の加藤高明（かとうたかあき）、元老の井上馨（いのうえかおる）、山縣有朋らはこの要請を日本の国運を発展させるチャンスと捉えたのです。緊急閣議で参戦を決定し、大隈首相が那須の御用邸にいる天皇に「戦争をします」と報告に行きました。

関口　天皇の意見を伺う御前会議は開かれずに決定されたのですね。

保阪　ここで参戦すれば、ドイツが持つ中国の利権を得られるかもしれないと目論んだのです。ところがその後、日本の目論見を警戒したイギリスは一転して日本への要請を撤回すると言い出します。背景には、アメリカが強く助言したという経緯もあったと思います。

　しかし日本は、「参戦と決めたことを撤回するわけにはいきません。すでに天皇の承諾も得ていますから」と返答するのです。

関口　そこで大正3年8月23日、日本はドイツに宣戦布告します。9月2日にはドイツの租借地があった山東半島に上陸。日本はドイツ軍の10倍以

青島攻略のため張村河を渡る日本軍

上、5万もの兵を投入してまたたく間にドイツを破り、ドイツ領南洋諸島を占領、さらに青島（チンタオ）を完全に占領します。

保阪　ドイツがこうした島の権益を持っていたのは、海洋資源がほしかったということもありますが、交通の要衝を足場に極東の有力国に軍事的圧力をかけていく思惑があったのだと思います。

関口　この一連の戦闘の結果、およそ4000人のドイツ兵が捕虜として日本へ送られたそうです。こうした捕虜の扱いは、当時すでに国際条約で決まっていたのでしょうか。

保阪　捕虜については当時から一人の市民として認め、必ず名前を聞いてその国へ伝達してきちんと食事を与え、過重な労役を課さない、虐待しないといった国際条約がすでにできていました。

欧米列強に近代国家としての日本をアピールする狙いもあったのでしょう。このときの日本側の捕虜の扱いは人道的なもので、模範的な例として世界でも注目されました。

ドイツ兵捕虜は日本各地の12の収容所へ送られ、地元の日本人との交流

大正３年11月16日の青島入城式

も生まれました。捕虜からドイツ料理やビール、音楽など、様々なドイツ文化が伝えられたそうです。特に、徳島県の板東俘虜収容所は捕虜を人道的に扱ったことで知られます。ここでは捕虜たちが音楽団を結成し、演奏会を行ったりもしていたそうです。ベートーヴェンの「交響曲第九番」が日本ではじめて演奏されたのもこのときです。

関口　収容所は、それぐらい神経を使って捕虜を扱っていたのですね。

保阪　将校などはある程度、行動の自由が許され、一説には本国へ帰った人もいるそうです。捕虜が日記をたくさん残していまして、その日記には日本人の真面目さや親切に心打たれたということも書かれています。こうしたことから、日本の評価は世界的にもかなり高まります。

関口　ドイツ人捕虜の中には菓子職人のカール・ユーハイムという人がいて、解放された後、そのまま日本に残ってドイツ菓子店を作り、その店はバウムクーヘンで有名になったということです。

徳島の板東俘虜収容所のドイツ兵捕虜

03

対華21ヵ条要求　軍閥トップ・袁世凱と日本の秘密交渉

大正4（1915）年1月18日

アジアでドイツ軍を破り、青島やドイツ領南洋諸島を占領した日本は、中国に「対華21ヵ条の要求」を突きつけ、中国での影響力を強めようとする。

関口　大正4年1月18日、日本は、袁世凱（えんせいがい）が大総統を務める中華民国に対して「対華21ヵ条の要求」を提出しました。この21ヵ条の内容は大きく5つに分かれています。

1つ目、日本は中国でドイツを破ったのだから、山東省のドイツ権益を我々のものにしろということ。

2つ目に、旅順・大連の租借期限、そして満州

袁世凱

鉄道の権益期限を99年延長しろ、と。
3つ目、中国最大の製鉄会社を日中合弁事業にする。
4つ目が、中国沿岸の港湾や島を他国に譲渡や貸与しないこと。日本以外の国にそれをするな、ということですね。
そして5つ目。政治・財政・軍事顧問として日本人を採用せよ、と。この5つを袁世凱に突きつけたわけですが、日本もずいぶん高飛車な態度に出たものですね。

保阪　この要求には、中国の国民もさすがに激高しました。結局、日本は明治時代に韓国を併合したときと同じようなことをしようとしたのです。特にこの第5号、日本人を顧問として政府に雇い入れて意見を聞け、という部分です。袁世凱の権力が盤石ではなかったことを含んでの要求だったと思います。しかも日本は袁世凱との交渉で、この第5号を公表せずに秘密裏に行うことを要求したのです。

関口　世界から反感を買わないようにということですか。

保阪　ええ、外国には知らせるなということです。しかし、袁世凱はあま

中華民国外交総長・陸徴祥（右）に対し21ヵ条の要求を突き付けた中国公使・日置益（左）

りに過大な要求としてこの内容を内外に暴露し、欧米列強の干渉を引き出そうとします。

すると早速、アメリカから日本に「あれは本当か」という問い合わせが来ます。それに対して日本政府は、それは強制ではなく、私たちの希望である、などと詭弁を弄するような回答をしたのです。こういうところを見ても、この第5号はかなり理不尽な要求だったと言えるのではないでしょうか。アジアからヨーロッパの影響力が薄くなっていくのを幸いに、中国に無理を押し付けようとしたわけです。

関口　それ以外の4つもかなり強引です。袁世凱はなぜ撥ねつけなかったのでしょう。

保阪　当時の中国は辛亥革命が起こって清朝が倒れ、3年前に中華民国ができたばかりでした。初代大総統となった袁世凱の権力基盤もまだ弱いうえ、国家統一も十分にされず、国としての力も熟していない時期でしたから、日本と軍事的にことを構えるのは無理だと判断したのでしょう。日本の強引な申し出も受け入れられるものは受け入れ、少し腰を引きながら妥協したのだと思います。

関口　交渉は長引いたものの、日本は結局、第5号の日本人顧問を置くとする要求だけは取り下げ、その他の要求は袁世凱にのませた。ところが、これが中国の反日ナショナリズムに火をつけてしまいます。

保阪　日本の外務大臣は、のちに首相になる加藤高明でした。力だけで強引に押していく日本の外交政策は、表面的にはうまくいったように見えましたが、実際には二つの敵を作り出してしまいました。

一つは中国の国民の反発です。日本に対する大きな非難が湧き起こり、対華21ヵ条の要求を受け入れた日は「国恥記念日」と呼ばれました。また、学生を中心に日本に対する抵抗運動も始まり、この後の「五・四運動」などへつながっていきます。

もう一つは、西欧列強の警戒を招いたことです。彼らが欧州で第一次世界大戦を進めているときに、日本は西欧列強がいなくなって空白地帯となったアジアで好き勝手やっていると。ですから、この「対華21ヵ条の要求」は、不信感や猜疑心（さいぎしん）を招いたという意味で外交的に失敗だったのではないかと思います。

関口　一方袁世凱は、日本の無茶な要求を受け入れて日本の力も借りながら、自分が中国の皇帝となりたいという思いがあったのでしょうか。

保阪　中国の権力者にとって最大の夢は、「皇帝」となって一代で巨大な権力をつくり上げることです。

袁世凱はもとは清朝の中心的な政治家でしたが、中華民国を統一し大総統の地位に就くと、やはり皇帝として全土を支配したいという野望にとりつかれてしまったのではないでしょうか。

加藤高明外相

04

大正4（1914）年3月25日

衆院解散！ 元老・大隈重信 列車遊説パフォーマンスで圧勝

前年の衆院解散を受け、総選挙が行われる。列車で全国をめぐって車内から演説を行った大隈重信が、大きなブームを巻き起こした。

関口　欧州各国が国を挙げての総力戦となった第一次大戦を戦っていたころ、日本では衆議院を解散し、総選挙が行われます。

保阪　大隈重信首相は大正3年暮れに陸軍の2個師団増設を盛り込んだ予算案を国会に提出したものの、立憲政友会の反対で否決されたため議会を解散し、総選挙に打って出たのです。立憲政友会は衆議院の第一党でした。政友会は大正政変の際に桂内閣を退陣に追い込みました

大隈の車窓演説パフォーマンス

が、このときも政府の陸軍増設案に抵抗したのです。

関口　対華21ヵ条の要求から2ヵ月後の大正4年3月に行われた総選挙は、大隈重信支持の与党・立憲同志会が圧勝します。

保阪　大隈という人は、とにかく大物でした。明治初期から西郷隆盛（さいごうたかもり）や伊藤博文（いとうひろぶみ）、大久保利通（おおくぼとしみち）といった人々と並んで指導者として活躍していましたから、国民からの人気も高かったのです。

関口　大隈は列車で全国各地を廻り、駅で列車が停車するたびに車内から演説する「車窓演説」パフォーマンスを展開したそうですね。大隈の演説を録音した当時のレコードも残っています。

「帝国議会は解散されました。いま全国は選挙の競争が盛んに起こっておるときであります。このときにあたって、憲政における世論の勢力を論ずるのはもっとも必要なりと信じますのであります。この世論そのものが盛んにならなければ、憲政そのものが十分に運用されぬと信じますのであります」

大隈はかなりゆっくり話しているので、大衆にもわかりやすかったのかもしれません。

保阪　この演説の主要な主張は、「憲政を第一とする」という部分で、「藩閥」という言葉は出てきません。

また大隈は博識で、人と話すのが好きだったといいますので、説得術が身についていたのではないでしょうか。自然とにじみ出る人間的な魅力もあって、人から信頼されたと言われています。列車遊説のパフォーマンスによって、「大隈ブーム」と呼ばれるほど大衆人気が盛り上がったそうです。

関口　この年の11月には大正天皇の即位の礼が執り行われました。昭憲皇太后崩御、つまり明治天皇の奥さまが亡くなったことで1年延期され即位から3年も経ってから行われたのですね。このときは「登極令」という天皇の践祚や即位礼を規定した旧皇室令に沿って即位式が行われたそうですが、登極令という言葉は、はじめて聞きました。

保阪　この法令は明治42年にできたものです。極というのは、頂上、つまり天皇を指します。江戸時代までの即位の礼では、神道と仏教が融合し、仏教の儀式も取り入れられていましたが、大正天皇の即位以降、仏教的な

皇居紫宸殿で行われた即位の礼

要素が消されたと言われています。

関口 それはなぜでしょう。

保阪 神道で統一することで、天皇の存在を特別なものにする意味合いがあったのではないかと思います。

天皇を神格化させるための一つの枠組み、法的な整備と言っていいと思います。この登極令自体は昭和22年に廃止されますが、式次第はその後の平成、令和の即位の礼にも引き継がれ、大正時代に復元された高御座(たかみくら)は現在でも使われています。

「三種の神器」の神鏡を載せ、京都御所に入る賢所御羽車（右）、即位の礼で用いられた高御座（左）

05

大正5（1916）年5月31日

欧州大戦がもたらした空前の好景気　人口急増の「軍艦島」

第一次大戦のヤマ場、ドイツvs.イギリスの艦隊決戦が勃発する。日本は大戦特需で国内の産業が発達。長崎の軍艦島では日本初の鉄筋コンクリート集合住宅が造られる。

関口　第一次世界大戦が続くヨーロッパでは、最強の海軍力を持つイギリスが海の覇権を握っていました。それに対して海路を確保したいドイツは、イギリスに艦隊決戦を挑み、大正5（1916）年5月31日にデンマーク沖で両軍の最大の海戦が勃発します。

保阪　2日間の戦闘で、イギリス艦隊は14隻、ドイツ艦隊は11隻の艦艇が沈没しています。損害はイギリスのほうが多いのですが、保持する戦艦や重要艦艇がドイツより多い

イギリス軍との海戦に出動するドイツ艦隊

ため、たとえ多く失ったとしても余裕がある。結局、損害の比率でいうと、ドイツのほうが大きくなるわけです。

関口　ドイツはよく戦ったけれども、やはりイギリス海軍には敵わなかった、海の覇権を奪うことはできなかったということですか。

保阪　しかしドイツは短期間に一気に戦艦の建造技術や戦闘能力を高め、軍事大国になる力を得たと言えます。

関口　一方、日本海軍はこの海戦を分析し、今後は戦艦の砲撃が勝敗を決めるということに気づいて、自らの艦隊計画を大きく見直すことにしたと。

というのも、イギリスの戦艦の主砲の口径は34〜38センチで、一方ドイツの戦艦の主砲は30・5センチでした。やはり海戦で勝つには主砲を大きくしなければいけないということで、日本はそのとき造っていた戦艦・長門や陸奥に、41センチもの巨大な主砲を載せることにしたのですね。

保阪　ここから戦争は大艦巨砲主義になっていきます。41センチの主砲は超弩級の大きさですが、日本はこの時点ですでに高い技術力を持っていたということです。

関口　これが後の戦艦大和や武蔵へつながっていくのですね。

さて、ヨーロッパで長引く戦争は日本に思わぬ恩恵をもたらします。主戦場となった欧州の経済が止まり、日本へさまざまな注文が来たことによって日本は「大戦景気」に沸くこととなります。鉄鋼の国産化が進み、八幡製鐵所は中国の満州にも工場を作って鉄鋼需要に応えます。商社は急成長、重工業も大きく発展しました。

保阪　製鉄には石炭も必要ですから、石炭を掘り出す炭鉱の開発も盛んになりました。

関口　炭鉱で有名なのが端島(はしま)ですね。長崎の小島で、遠目には軍艦のように見えるため「軍艦島」と呼ばれました。2015年には、産業革命遺産として世界遺産に登録されています。

保阪　この島は明治時代に開発された後、作業員もどんどん増えていったため、大正5年に日本初の鉄筋コンクリート造りの集合住宅「30号棟」が造られました。その後も人口は増えつづけ、東京ドームよりひと回り大きい面積の島に、最盛期には5000人以上もの人が住んでいたと言われます。

ドイツ戦闘機の爆撃を受けたイギリス潜水艦C25

関口　私はこの島が世界遺産に指定されたあとに行ったことがあるのですが、本当に小さな島でした。まだ集合住宅も残っていて、ここで暮らして、海の底を掘っていたのかと思うと感慨深かったですね。

保阪　最盛期は人口密度世界一の島だったそうです。

関口　そのような大戦景気の中で急成長した会社に「鈴木商店」がありました。

もともとは明治7年に砂糖の輸入会社として創業、その後は製鉄・造船、化学繊維、塩・たばこ・砂糖・セルロイドなど、どんどん商売を広げていきます。第一次世界大戦中には「一船売り」で大当たりしました。相手が欲しがるものを船に詰め込んで、船ごと売ってしまうという商法だそうですが。

保阪　すごい発想ですよね。相手は戦争をしているわけですから、船を造ることもできないし、いろいろな物資が必要になる。それを全部積んでいって、船ごと売ってしまえと。

軍需景気により多数の労働者が集まった軍艦島

関口　鈴木商店の大正7年の売り上げは16億円。これは当時の日本のGNPの1割を占めたといいます。圧巻ですね。

　ほかにも造船業はヨーロッパからの受注が増え、日本は世界トップクラスの海運国へと変貌を遂げます。佐世保、舞鶴、横須賀、長崎、呉、神戸などに造船所が造られ、発展していきます。現在でも日本の造船技術の中心地と言えるところばかりです。

保阪　この第一次世界大戦を契機として、日本の造船技術は世界的にもトップクラスになりました。

関口　船で大儲けした「船成金」も出てきます。暗闇で100円札を燃やして明かりをとったというくらい、儲かっていたわけですね。

保阪　大正3年の時点で日本は11億円の借金がある債務国でしたが、6年後の大正9年には28億円の債権国になっています。考えられないほど巨大な利益を上げたということです。

紙幣を燃やして明かりをとる船成金（和田邦坊画「成金栄華時代」）

06

ドロ沼化する大戦　Uボート迎撃に出動した日本海軍

大正6（1917）年6月11日

イギリスの要請を受けて地中海に派遣された日本の新鋭駆逐艦・榊が魚雷の攻撃を受け、大破する。マルタ島には犠牲になった日本人乗組員の慰霊碑が建つ。

関口　イギリス・フランス・ロシアなどの連合国軍とドイツ・オーストリア・ハンガリーなどの同盟国の戦いは4年目を迎え、ドロ沼化していました。

特に凄惨をきわめたのが、フランス・ソンムの戦いです。英仏連合軍とドイツ軍の塹壕（ざんごう）戦は5ヵ月の長きにわたり、勝敗がつかないまま100万人以上の死傷者を出して終わりました。すごい数です。

保阪　機関銃などの武器が進化し、毒ガスも使われていますから、これほどの死傷者数になったのです。こういう戦争では最後は人海戦術になり、お互いにどちらが相手を皆殺しにするかという殲滅戦になっていきます。

関口　それ以前の戦争のような局地戦ではなく、国中の至るところが戦場になり、国をあげて総力で戦うことになったわけですね。兵士たちは塹壕の中で身動きが取れず、雨や雪にさらされ、毒ガスも撒かれて多くの命が奪われました。

それでもなかなか決着がつきません。そこで、イギリスから同盟国の日本にも派兵してほしいという要望が届きました。それに対して日本はどう答えたでしょうか。

保阪　はじめは国益に関与しない外征には参加できない、と断ったのですが、日本は戦わずして利益だけ得ているという批判が高まるわけです。

そのうち、ドイツは潜水艦・Uボートによる無差別攻撃を宣言します。見つけたらどんな船でも沈めるぞというこ

セルビアの首都ベオグラード郊外に展開したロシア砲兵

とです。そこでイギリスは、地中海の船舶を守るため、陸軍がだめなら海軍を出してくれと日本に頼んできます。

関口 そこでついに日本も艦隊を派遣するわけですね。いつまでも知らん振りをしていると、金儲けばかりしていると批判されてしまうからですか。

保阪 いくつかの要素があったと思います。一つは、やはり陸軍も参戦しない、海軍も参戦しないとなると、国際的にメンツが立たず、日英関係も崩れてしまうということ。

もう一つは、青島などドイツが持っていた権益を日本が支配するためには、何らかの形で一度は世界大戦に参戦しておかなければ筋が通らない、ということです。

また海軍としては、戦争の実情を見ておきたいという思いもあったと思います。第一次世界大戦で日本は陸上の戦闘に参加しなかったことで結果的に損害を免れたのですが、世界大戦の持つ残酷さを体験しなかったという一面もあるのです。

のちの第二次世界大戦で、日本は世界大戦の実情を知らないまま戦争を

ソンム戦線で使用されたイギリス軍戦車

始めてしまった。そのため、アンバランスな形の戦争になったのではないかという気がするのです。

関口　ドイツは地中海での無差別攻撃を始めました。日本海軍はマルタ島に拠点を置き、地中海を航行する連合国の船をUボートの攻撃から守る任務に就きます。

保阪　この戦闘には新鋭駆逐艦の榊が派遣されました。当時の寺内正毅(てらうちまさたけ)首相が榊の艦長を呼んで、無制限で潜水艦攻撃をするというドイツの攻撃はかなり汚いだろうが、そういう相手とも戦わなければいけないし、連合国側の要請に大いに応えて助けるつもりで戦えと言ったそうです。

地中海は海の難所と言われていて、ここで戦闘を行うには相当な技術力と緻密な作戦が必要になります。イギリスが日本に参戦を要求してきた裏には、日本海軍の実力を見たいという思惑もあったのではないかと思います。

関口　日本海軍の貢献度は高かったのでしょうか。

保阪　病院船や一般商船の護衛など、普通の戦艦があまりやりたがらない

イギリスの要請によりマルタ島に展開した駆逐艦「榊」

地味な仕事も丁寧に引き受けました。日本人的な生真面目さが出たのだと思います。

関口　そんな中、駆逐艦の榊もUボートに攻撃され、艦長以下、多数の戦死者を出します。マルタ島にはその慰霊碑がつくられますが、これはいまでもあるそうですね。

保阪　昭和天皇は皇太子時代に、マルタ島で慰霊を行っています。

当時の史料を読むと、榊の奮戦はイギリスでもきちんと報じられて、当時ロンドンにいた日本人が「おまえは日本人か」と聞かれて握手を求められた、という話も残っています。

ドイツの敗戦後、日本に引き渡されたドイツ潜水艦

07

ロシア臨時政府崩壊、スタルヒン、モロゾフが日本へ亡命

大正6(1917)年11月7日

ロシアの首都ペトログラードで労働者、兵士が武装蜂起。レーニンによる新国家体制に反対する人の亡命も相次いだ。

関口 連合国の一員としてドイツと戦っていたロシアですが、国内を顧みず戦争を続ける皇帝ニコライ2世に民衆の不満が爆発、食料を求めるデモから始まった混乱が広がり、ついに政権を倒します。これで300年続いたロマノフ王朝が滅亡しますが、大国ロシアが食料欠乏に悩んでいたのはなぜでしょう。

保阪 ロシアという国は典型的な君主制の国家で、富の分配がうまくいっておらず、特権階級と庶民の

ロシア最後の皇帝、ニコライ2世と皇后

格差が激しかったのです。

関口 ロマノフ王朝の滅亡後、臨時政府が誕生します。「ソビエト」と呼ばれる兵士や労働者による評議会を中心に、改革派の政治家らが政権を担いました。

その背景には、長引く戦争に対する国民の厭戦（えんせん）気分と低い経済水準に対する怒りがありました。さらに、内政を牛耳っていたある人物に対する不満も出てきます。怪僧ラスプーチンです。ご存じの方も多いと思いますが、手かざしで病気を治す奇跡の治癒者という評判をとって、彼の予言と治癒力に誰もが驚いたと言われます。ラスプーチンは、皇太子の血友病も祈りで治したと言われます。

保阪 国力が弱ったときは、こういうオカルトじみた人々が出てきます。彼らの特徴は、不安を感じている人の前で目に見える結果を出すということです。皇太子の血友病の話も実は催眠術を使って痛みを和らげたとか、ドイツで開発されたアスピリンを使ったという説があります。密室で行われたため神話化して、過大な信頼を得たわけです。

怪僧ラスプーチン

関口　皇帝夫妻のお気に入りとなったラスプーチンは権力を手に入れ、政治に介入します。これに反発した皇族が彼の殺害を企て青酸カリ入りのワインを飲ませたものの、死ななかった。最後は川で溺死（できし）させるのですが、彼は暗殺前に自分の死の予言を行っています。私が王朝の者に殺されたら帝国は崩壊し、一族で2年生き延びる者はいない、と。

保阪　実際、ニコライ2世と家族は、この後の2度目の革命で全員が銃殺されます。予言と言えば予言ですが、ロシアの権力構造が末期的な状況でしたから、この程度は予測できたんじゃないかと思いますね。

関口　大正6（1917）年11月、再び革命が起こり、社会主義政権が誕生します。10月革命です。ここにレーニンが出てくるのですね。ロマノフ王朝が倒れて臨時政府ができ、その臨時政府をレーニン率いる「ボルシェビキ党」が倒します。そこで社会主義政権が樹立され、大戦からの撤退や土地の国有化、資本家の資産の国有化が行われます。

保阪　レーニン政権は、まさにマルクスの論理でつくり上げられた政治体制でした。

ロシア革命の立て役者、レーニン

関口 社会主義というのは、国が経済活動を管理することで平等な社会の実現を目指すもの、共産主義というのは、その社会主義をさらに発展させて階級がまったくない共同社会だと言いますが、レーニンはそうした社会を目指していたのですね。

保阪 国境も階級も存在しない社会を目指したと言われますが、それは本当に可能なことなのか。人間とはどう考え、どう動くのかということに対する問いかけが甘かったのではないかと思います。人類は20世紀を通して社会主義の壮大な実験をしてきましたが、ソ連の崩壊によって、その失敗がはっきりしたのではないでしょうか。

関口 実際、レーニンの国家体制に反抗する人たちもたくさん出てきました。ロシア革命に反対して国外に亡命した人たちのことを「白系ロシア人」と言いますが、共産主義の「赤」に対しての「白」ですね。日本に亡命した人に、読売ジャイアンツで活躍した有名なピッチャーのスタルヒン、それから洋菓子店で有名なモロゾフ親子もいました。

10月革命によってロシアがソビエトになると、第一次大戦からの撤退を

ロシアから亡命し、日本野球で英雄になったスタルヒン

決めてドイツと単独で講和条約を結び、賠償金を払ってドイツに領土を割譲したそうですが、なぜここまでしたのでしょう。

保阪　ソビエトは社会主義を目指すために、資本主義や帝国主義国家とは違うという姿勢を見せたかったのでしょう。戦争をやめるため、戦争の理由になる条件をすべてなくしていくわけです。しかしこれは、イギリスやフランスからは利敵行為と捉えられます。

　イギリスとフランスが西から、ロシアは東からドイツを挟み撃ちにして攻めていましたから、東側がなくなればドイツはその戦力をすべて西側に持って来ることができる。英仏が激高するのもわからなくはありません。

関口　そこでイギリスは、日本にシベリア出兵を要請するわけですね。

保阪　ソビエトの社会主義体制を弱体化させるための一つの戦略です。当時、この体制に反対する人たちの中には、シベリアへ逃げた人も少なくありませんでした。そのため、シベリアには反ソビエト的な権力空間ができつつあったのです。日本がそこへ入っていって、その人々と一緒に赤色政権と戦ってほしい、それがイギリスの狙いだったと思います。

ウラジオストクで行われた革命政府成立祝賀会

08

力士から始まったパンデミック スペイン風邪大流行

大正7(1918)年8月12日

日本軍がウラジオストクに上陸するが、兵士たちの間にスペイン風邪が広まる。この年3月、アメリカから始まった疫病は、戦争を媒介に世界に蔓延する。

関口　2021年現在、新型コロナウイルスの感染拡大で世界中が大変なことになっていますが、約100年前にも、世界で感染症が大流行しました。

1918(大正7)年3月、アメリカ・カンザス州の陸軍病院に発熱や頭痛を訴える兵士が大量に運び込まれました。「スペイン風邪」です。そのときの死者数は48名でしたが、この後、感染者が増えていきます。当初は大部分の患者の症状は軽かったそうです。

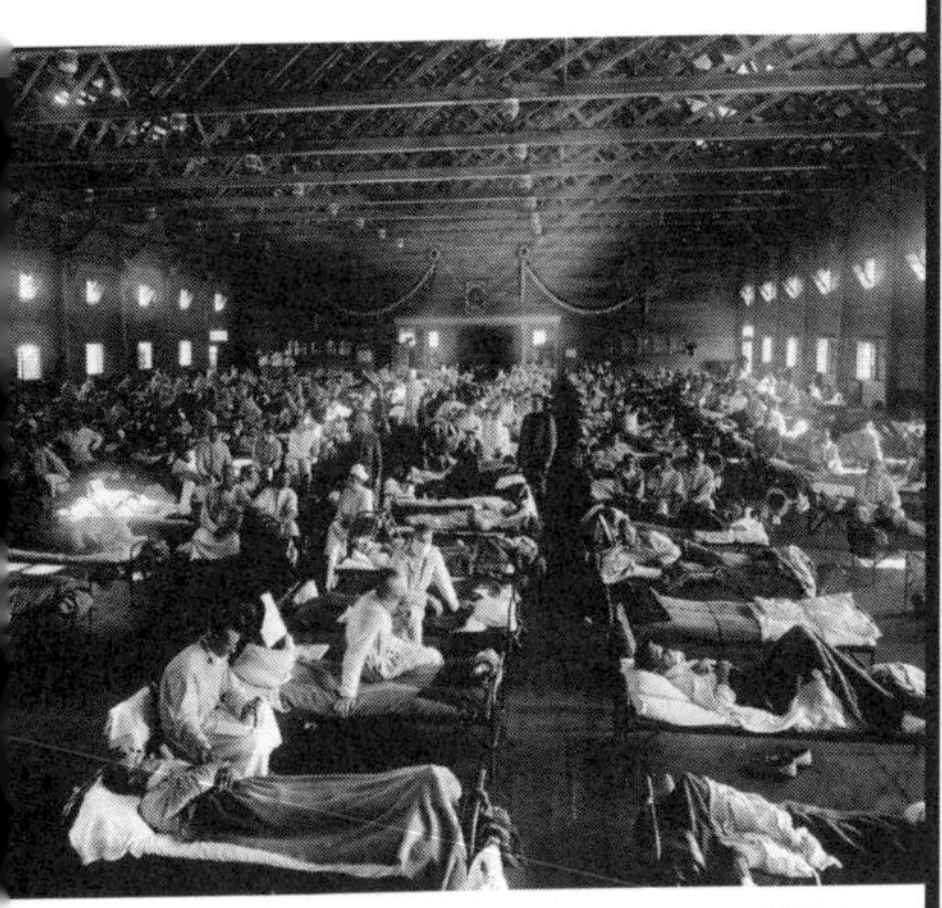

スペイン風邪の罹患者を収容するアメリカ軍の病院

保阪　このときの流行はまだ小規模で、大流行の前の小さな序幕でした。

当時はウイルスというものの存在自体がわかっていませんでした。このスペイン風邪の正体は、いまでいうインフルエンザだったのですね。10年以上後の１９３０年代になって人類は、はじめて電子顕微鏡でウイルスを見るわけですから、このときにはまだ何もわからなかったのです。

関口　この感染症はあっという間にアメリカ全土に広がっていきます。アメリカは１９１７年から第一次大戦に参戦してドイツと戦っていましたから、兵士たちがヨーロッパへ持ち込み、商船や客船を通してアジアにも広がって世界的流行になり、なんと3週間でヨーロッパ、アジアへ広がってしまいました。

保阪　特にヨーロッパがひどかったようです。

関口　大戦中、イギリス軍は6月から7月だけで約１２０万人が感染しま

太平洋を超て早くも日本へ

爆裂弾より怖ろしい西班牙流行感冒

猛烈なる流行速度

北米から欧米全部へ

十月廿九日　在シヤトル

大阪毎日新聞（大正7年11月21日付）

した。攻勢に出ていたドイツ軍もこの感染症の影響で勢いが低下します。それだけ影響が強かった。

保阪　感染はヨーロッパの他の国々へも広がっていきます。デンマークのコペンハーゲンでは1週間で8500人、ノルウェーのオスロでも2週間で1万5000人が感染しています。当時、ノルウェーやスウェーデン、スイス、スペインなどの国々は第一次世界大戦で中立を守っていました。そうした国では当然、感染者数を正確に発表しますよね。しかし戦争をしている当事者の国は、自国の感染状況をすべて隠したのです。数字を正確に出した中立国の中で、もっとも感染者数の多かったのがスペインでした。

関口　なるほど、それで「スペイン風邪」という名前がついてしまったのですね。断定はできませんが、アメリカから発生したなら、本当は「アメリカ風邪」が正しかった。

保阪　スペインの人は、この言葉には抵抗があるでしょうね。

関口　日本ではどうだったか。まず日本統治下の台湾で巡業していた相撲の力士たちが感染します。帰国した力士たちから、国内の力士たちへ感染が広がっていきます。ですから、最初は「力士病」、お相撲さんの病気だと言われていたわけですね。その後、市中の一般市民にも感染が広がっていきました。

大正7年8月には、ついに日本でもスペイン風邪の蔓延が始まります。

保阪　このころの新聞記事を読むと、当時の状況が見えてきます。福井県のある村では人口約1000人中970人が罹患。もう全滅ですね。新聞にも「一村全滅」と書かれています。ほかにも村全体がこの奇病のために全滅したという記事がいくつか出ています。記者がそうした村を訪れてみると、何も対策がないから皆が寝ているだけで、どんどん死者が増えていく悲惨な状況だったといいます。

関口　スペイン風邪は日本国内でも猛威を振るっていましたが、戦場の兵士たちも大変だったようです。日本は大正7年8月に軍隊をウラジオストクに上陸させますが、上陸した兵士たちの間に感染が広まってしまいました。

保阪　当時のウラジオストクは多くの国の人たちが住む国際都市でしたか

ら。

関口　出兵翌年11月の新聞記事には、患者数が5万3257名、そして436名が亡くなったと書かれています。また軍艦「矢矧」では、乗組員469人の9割以上に感染して、48人が亡くなっています。2020年のダイヤモンド・プリンセス号を見ても、船内は密閉状態で感染が広がりやすくなりますからね。

保阪　当時は感染のメカニズムもわかっていませんでしたから、密閉や密接がいけないということもわからなかった。大正7年9月に総理大臣に就任する原敬も感染していますが、感染したのは伝染病を研究する北里研究所のパーティに出席したためでした。

関口　感染症が流行っているときに研究所でパーティやっちゃ駄目でしょう！　いかにウイルスのことをわかっていなかったかがわかりますね。

保阪　原敬の日記を読むと、それほど重症化はしなかったようです。ただ、首相がかかったという事実はやはり大きいですね。

関口　有名人もどんどん感染したようです。劇作家の島村抱月という人も

スペイン風邪にかかった芥川龍之介（左）、島村抱月

感染して亡くなっています。

芥川龍之介（あくたがわりゅうのすけ）は2度、感染しているそうです。芥川の父親は感染症で亡くなっています。父親が自分と同じ病気で亡くなったという衝撃は大きかったのではないでしょうか。友人に宛てた手紙には、「僕は今スペイン風でねています。うつるといけないから来ちゃ駄目です。熱があって咳が出て甚苦しい」と書いています。

関口　第一次世界大戦は共産化したソビエトが戦線を離脱し、それによって余裕のできたドイツ軍は大攻勢を仕掛けますが、アメリカ軍の参戦で一転劣勢に追い込まれます。

アメリカ軍は１９１７年６月には1万４０００人だけだったのに、１年後には１８０万人を投入してきたのですね。

保阪　この時点でドイツも、イギリス・フランス連合国

ウラジオストクに上陸した日本海軍陸戦隊

09

大正7（1918）年8月14日

シベリア出兵が引き起こした「買い占め」と米騒動

全国で米騒動が発生し、全国に波及。新聞報道が禁じられる。神戸の鈴木商店が暴徒に襲われ、焼き払われる。日本軍のシベリア出兵による米高騰を見込んだ買い占めに、民衆の怒りが爆発した。

もかなり疲弊していましたから、第一次世界大戦はアメリカの参戦によって、おおよそ決着がついてしまいました。

関口　そのころ日本は、シベリアの玄関口、国際都市のウラジオストクに兵を派遣しています。在留日本人の保護が目的ですか。

保阪　それもありますが、もう一つ、ロシア国内に点在していたチェコ軍を助けるためという目的もありました。当時、チェコはオーストリア・ハンガリー帝国の一部に組み込まれていました。ですから、オーストリア・ハンガリー帝国がイギリス・フランスと戦争することになれば、チェコ軍もその一員として戦うわけです。しかし、チェコの人々は独立を目指していましたから、もともとオーストリア・ハンガリーやドイツのために戦う気はまったくなかった。そのためチェコの兵士たちは進んでロシアの捕虜になったと言われています。捕虜になってオーストリア・ハンガリーと戦ったのです。

チェコを独立させるため、アメリカは日本に共同出兵を持ちかけます。

関口　日本はそれに応えて出兵するのですね。大正7年8月に1万

2000人を派兵。9月にさらに追加され、計7万を超える日本兵がシベリアに進軍しますす。そのルートを見ると、相当奥地へ入り込んでいますね。

保阪 日本は、反ソ連、反共産主義の人たちが新しい国をつくろうとする動きに加担し、この機会に日本の権益を広げていこうと考えていたのです。その考えの背景にあるのは、山縣有朋の「利益線」という考え方です。

関口 利益線というのは明治時代によく出てきた言葉で、日本の領土に付属する勢力圏ということですね。

保阪 利益線をシベリアまで延ばすことが、日本の政府や軍人の思惑だったのでしょう。利益線は「ここで終わり」ということはなくて、どんどん広がっていったのですね。

関口 そのころ、日本国内では「米騒動」が起こっていました。

保阪 シベリア出兵の際に、陸軍省が食料を大量に買うことを見込んで、買い占める商社が出て、お米の値段が暴騰しました。それに対して富山県の漁師の妻たちが立ち上がります。このあたりの漁師たちは遠洋漁業で家を長期間空けていますから、家計をや

群衆に襲われた岡山の精米会社

りくりする妻たちが生活に困窮し、米問屋や商店に押しかけたのです。その動きは次第に西日本、関東や東北など全国に広がり、勢いも増していきます。

関口　全国各地で、米問屋や商店の打ち壊し、焼き討ちが起こったそうですね。

保阪　第一次世界大戦景気で大儲けした鈴木商店も、米の買い占めを行う悪徳業者という噂が立って、暴徒たちに焼かれてしまいました。怒りが増幅すると、一つの大きな運動になり得るということを示したわけです。

関口　数百万人の市民が各地で暴動に参加したそうです。庶民は生活の基盤を壊されると黙っていませんね。

政府は10万もの兵を使ってこの暴動を鎮圧しようとします。それで2万5000人以上が検挙されましたが、結局、寺内正毅内閣は総辞職に追い込まれてしまいました。

当時の新聞には白く塗りつぶされた部分がありますが、これは米騒動を伝えていた部分ですか。

火をつけられ、燃え落ちた神戸の鈴木商店

保阪　政府は米騒動の報道を禁止したのです。この時代には内務省の検閲がありましたから、政府に都合の悪い部分は掲載禁止にされて白く塗られ、さらにその部分が多くなると、発行禁止にされました。新聞に白い部分があると、政府に都合の悪い記事があったのだなとわかります。

戦後のＧＨＱの検閲の際は白く塗りつぶすのではなくて記事の差し替えになりましたから、一般の人は検閲されていることに気づきませんでした。この時代の日本は、まだ検閲の形がわかりやすかったと言えますね。

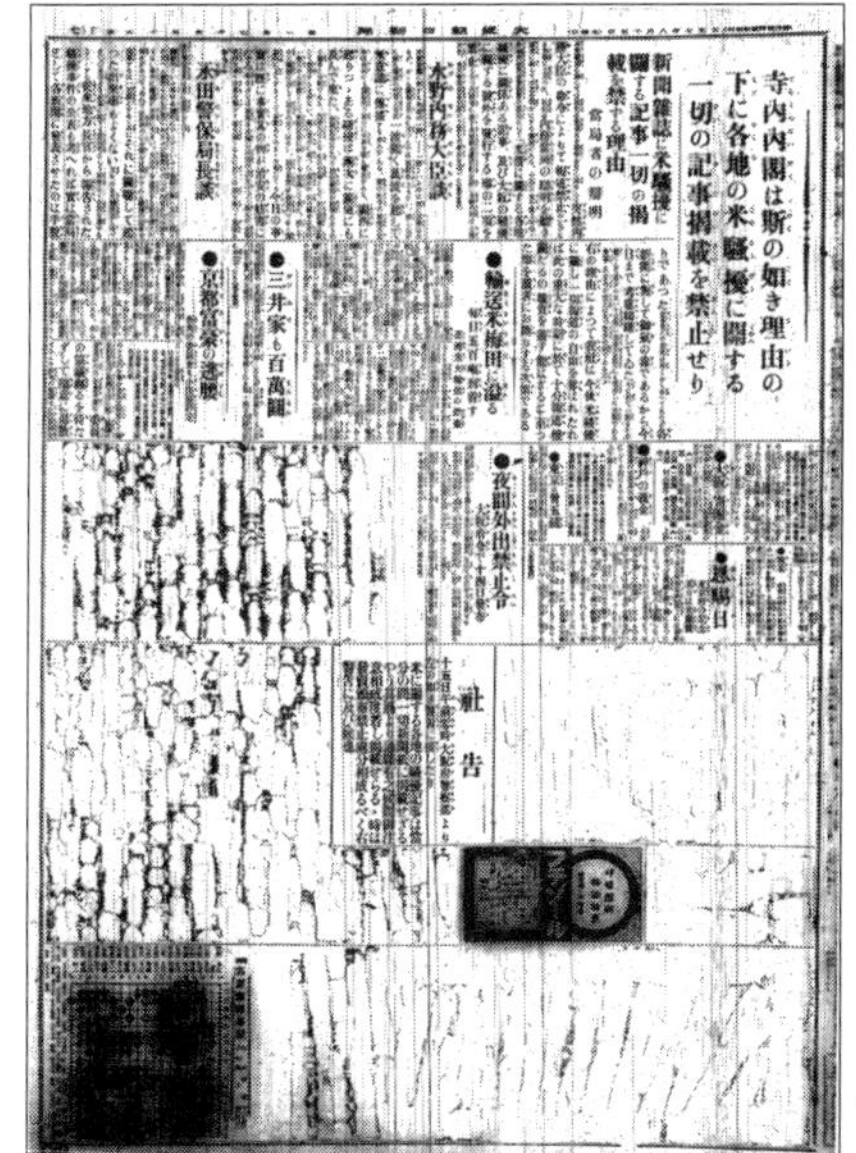

寺内内閣は斯の如き理由の下に各地の米騒擾に關する一切の記事掲載を禁止せり

新聞雑誌に米騒擾に關する記事一切の掲載を禁ずる理由
當局者の聲明

水野内務大臣談

永田警保局長談

●輸送米梅田に溢る

●三井家も百萬圓

●京都富豪の逃腰

●夜間外出禁止令

社告

検閲を受けた新聞（大正７年８月15日付『大阪朝日新聞』）

10

大正7（1918）年
9月29日

藩閥は大嫌い　盛岡出身の平民宰相・原敬の憲法愛

原敬が内閣総理大臣に就任。平民出身としては初の総理となった。藩閥政治とは一線を画していたが、山縣有朋とは良好な関係だった。

関口　米騒動が原因で総辞職した寺内内閣の後を継いで、大正7年9月29日に首相となったのが、「平民宰相」と呼ばれた原敬です。この人は、華族でも士族でもない、はじめての平民出身の首相でした。

岩手・盛岡の出身で、盛岡藩の家老の家に生まれ、19歳で分家して平民になっています。当時の政治家は戊辰戦争で勝った藩出身の人ばかりですが、盛岡藩は戊辰戦争で負けた「賊軍」でしたね。しかも、

「平民宰相」と言われた原敬

平民出身の原がどうやって政治家になったのでしょう。

保阪　盛岡から東京に学びに出た原は新聞記者になり、その後、外務省の官僚になります。外務次官まで出世した後、今度は大阪の毎日新聞の社長になるのです。ですから彼は新聞人とも言えますね。その後は立憲政友会の政治家になるのですが、この立憲政友会は藩閥政治とは距離を置き政党政治を目標とする政党です。そういう意味では「政党政治家」という言い方がふさわしいかもしれません。

関口　どんな人物だったのでしょう。

保阪　憲法は守らなければいけない、議会政治を確立しなければいけないと早くから積極的に表明してきました。また、お金にきれいで、「平民政治家」にこだわり爵位も辞退しています。

毎日日記をつけていて、残された『原敬日記』は当時のことがよくわかる貴重な史料です。さらに、藩閥政治の代表ともいえる山縣有朋は政党が大嫌いでしたが、その山縣も原のことは認めているんです。その前の首相の寺内は長州出身の軍人でしたが、寺内が辞めた後、原ならいいだろうと。

原は普段から山縣とも積極的に意見を交換して、自分はこういう政治をやりたいと話していました。もちろん原自身は藩閥政治を嫌い政党政治を目指していたのですが、あなた方の政治を全否定して藩閥を潰すのではないと山縣を説得して安心感を与え、良好な関係を築いていました。

山縣はもちろん最後まで藩閥政治を望んでいましたが、原ならいいだろうということで妥協する。山縣も最後には原の理解者になったことで、山縣自身に対する後世の評価も少し変わってくるのです。考え方は違うけれども、この原敬と山縣の関係は、互いに認めて理解し合おうという、ある意味で近代的な関係だったと思いますね。

関口　明治維新からずっと見てきましたが、こういう人が総理大臣になれる時代になったということが、まさに大正デモクラシーですね。

保阪　賊軍出身で政党政治家、しかもお金にはきれいで金銭的な裏工作をするわけでもない。明治だったら絶対に首相にはなれなかったはずです。原敬という人が持っていたこうした姿勢は、近代日本の新しい政治家のタイプを示していると思います。しかし、彼も後に暗殺されてしまうのです。

やはり原のような人を邪魔だと思う勢力があったと言えるでしょうね。

もう一つ付け加えておくと、原は大正天皇の最大の理解者でもありました。原は天皇ご夫妻に骨身を惜しまず尽くしていますし、天皇と皇后も原を非常に信用していました。

原には大正天皇と皇后を守り立てて日本のシンボルにしようという思いがあったのだと思います。

関口 天皇ご夫妻とも、また山縣とも良好な関係を築いて信頼を得ていた原敬という人は、やはりなかなかの人物だったのでしょうね。

明治18年、外務省書記官としてパリに在勤した当時の原

11

第一次大戦「ドイツ敗北」の理由を研究した日本軍

大正7(1918)年11月11日

劣勢に陥ったドイツは連合国と休戦協定を結び、第一次世界大戦が終結する。日本陸軍の将校たちは留学してドイツ敗戦の理由を研究し、独自の結論を導き出す。

関口　アメリカの参戦によって戦局は一変し、ドイツは劣勢に立たされます。さらにスペイン風邪の影響でドイツ軍は弱体化。また同盟国側だったオスマン帝国やオーストリア・ハンガリー帝国が次々と降伏し、ドイツは孤立します。

それに先立ってアメリカのウィルソン大統領が、大戦後の世界はこうあるべきだという構想「14ヵ条の平和原則」を提案し、ドイツはこれをのむわけですね。

ドイツ議会のバルコニーで共和国の成立を宣言

保阪 ドイツがこの原則を受け入れたのは、フランスやイギリスも権益を手離さなければならないなどの条件が含まれていたからです。

関口 ドイツはアメリカに講和の仲介を頼むわけですが、事はスムーズに運ばなかったようです。

保阪 戦況も刻々と動いていきます。当初、ウィルソンはすべての占領地からの即時撤退をドイツに言い渡し、さらに要求が増えていきます。結果的にはすべての戦闘の即刻停止、さらに皇帝ヴィルヘルム2世が統治する帝政の廃止を求めました。

この条件は、ドイツ政府内の分裂を引き起こしました。労働者や社会民主党などの政党の人は「こんな戦争、いつまでやっているんだ」と怒りを爆発させて帝政廃止や休戦を求め、一方で軍人たちは「そんな条件は受け入れられない」と徹底抗戦を主張して休戦に反対します。

当時のドイツ軍人たちには「自分たちが負けた」という意識が薄かったようです。第一次世界大戦終結後、日本の軍人たちが次々とドイツへ留学して、ドイツがなぜ負けたかを研究していますが、勉強会で発表されたその成果を読むと、多くの人が「ドイツ軍は負けていなかった」と書いています。ドイツが負けたのは、国民の戦闘意欲の減退と皇帝制度の崩壊が原因である、と。つまり国家の後ろ側で支えるべき人たちが、その役割を怠ったからだというのです。

関口　休戦交渉は難航しますが、そのころ、ついにドイツ国内から戦争を終わらせる動きが出てきます。「ドイツ革命」です。

きっかけは水兵たちのデモだったそうです。海軍司令官が玉砕覚悟の作戦命令を出したところ、水平たちが拒否してデモを起こす。それが全国に広がり、労働者らの食料要求デモも起こって、それらを収束させるため、ついに首相が独断で皇帝の退位を宣言してしまう。これでついにドイツ帝国が崩壊したのですね。

保阪　たった一日や二日でこんな劇的な変化が起こるのですから、やはり当時のドイツはかなり混乱していたということでしょう。

退位を宣言したドイツ皇帝ヴィルヘルム２世

関口 共和国となったドイツと連合国の間で大正7(1918)年11月11日、休戦協定が結ばれ、4年以上に及んだ第一次世界大戦がついに終わりを告げます。

英仏連合軍の代表とドイツの全権大使は、パリ近郊のコンピエーニュの森に置かれた列車の食堂車で休戦協定に調印します。のちにこの列車は、第二次世界大戦で再び使われるのですね。ドイツがフランスを制圧したとき、ヒトラーはここにフランスの代表を呼んでサインさせます。アメリカも日本と終戦調停を結ぶ際、90年ほど前にペリーが停泊した海域に戦艦ミズーリ号を停泊させて、日本に対して自分たちの優位性を見せつけたと言われていますね。

保阪 戦争に勝つということは、相手国のプライドを傷つけて、俺たちに二度と逆らうなと示すことでもあるのでしょう。

休戦の条件はフランス・ベルギー内の占領地などからのドイツ軍の撤退、さらにすべての兵器の引き渡し、捕虜の無条件釈放など、ドイツにとっては事実上の無条件降伏でした。

特に軍人たちには深い恨みが残ったでしょう。その中には、あのヒトラーもいたわけです。

関口　世界中を巻き込んだ大戦が終わりましたが、その後の世界はどう変わりましたか。

保阪　終戦に大きな役割を果たしたアメリカが、世界の覇権を握っていくことになります。そして、帝国主義的な動きを牽制しはじめます。

関口　ドイツ帝国も崩壊し、オーストリア・ハンガリー帝国もこの年の秋に崩壊しますが、日本は大日本帝国のままですね。日本が満州での拡張路線によって、中国とアメリカの共通の敵になってしまいます。

保阪　アジアの権益を独り占めしようとする日本の帝国主義的な動きに対して、アメリカは大きな警戒心と反感を持つようになります。

12

大正8（1919）年1月

「マスクをかけぬ命知らず」1年後にやってきた第二波

内務省衛生局が「流行性感冒予防心得」を発表、国民に注意を呼びかける。致死率の高いスペイン風邪の第二波により日本でも医療崩壊が起き、39万人が亡くなった。

関口　大正7（1918）年から始まったスペイン風邪はその年の秋から「第二波」となり、世界で猛威を振るっていました。これが大正8年秋、日本にもやってきます。第一波は、感染者数は多かったのですが、致死率は1・22％とそう高くはありませんでした。ところが第二波は致死率5・29％。なんと4倍以上になってしまいました。

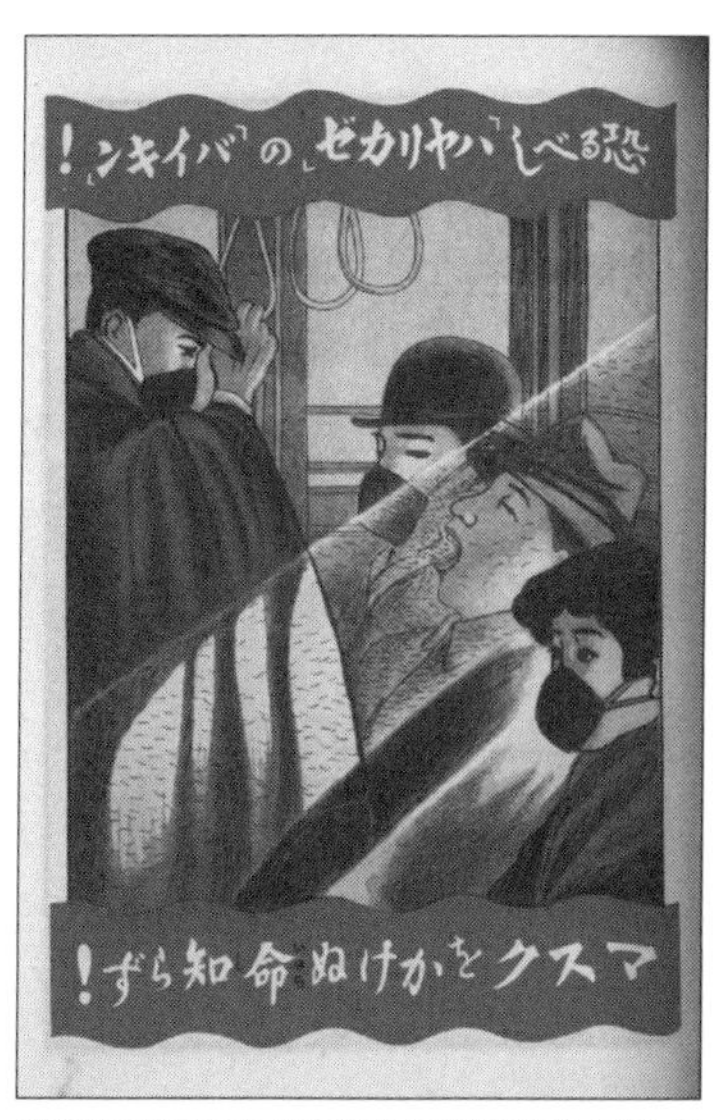

1922年3月刊行内務省衛生局著『流行性感冒』に収録されたスペイン風邪予防を呼びかけるポスター（国立保健医療科学院図書館蔵。次ページも）

この第二波に関しても新聞記事が残っていますが、「看護婦が足らぬ」とあります。当時も医療崩壊が起こっていたのですね。また、「死亡広告が増大」「薬やマスク、栄養豊富な卵が高騰」という記事もあります。当時は栄養のつくものといえば卵、という感覚があったのでしょう。富山の薬売りや養鶏農家が特需景気になったそうです。

政府も感染予防を訴えるポスターを作製しています。電車内に貼られたポスターですが、〈恐るべし「ハヤリカゼ」の「バイキン」!〉。まだウイルスだとわかっていませんから、バイキンとなっているわけですね。ウイルスとバイキンの違いって、私にもよくわかりませんが。「マスクをかけぬ命知らず」というのもあります。

保阪　「病人はなるべく別の部屋に」というのもありますが、いまと通じます。結局、基本的な疾病の原因がわかれば対策もわかり、対応していけますが、この疾病はそれがわからないから、と

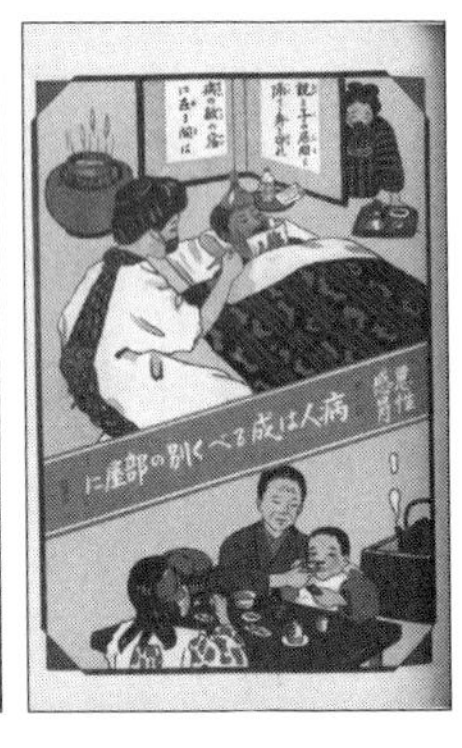

にかく受け身になるしかないわけです。マスクをしよう、うがいをしよう。さしあたりそうやって病気になる「バイキン」、つまりウイルスを避けようということしかなかったのでしょう。

関口 このスペイン風邪で、当時の世界人口18億人のうち6億人ほどが感染しています。つまり3人に1人。そして死者は4000万人、一説には1億人が亡くなったのではないかと言われています。日本国内では、人口5700万人のうち2380万人が感染。およそ5人に2人は感染したということです。そして亡くなった方は39万人。45万人という説もあります。

保阪 このスペイン風邪は、最初の流行から2年半後、大正9年の12月ころには、世界的に自然収束していくんです。それは医療の力によるものではなくて、多くの人が感染して免疫を持ったためと言われています。

関口 このスペイン風邪から私たちが学べる教訓は、どんなことでしょう。

保阪 一つのウイルスが流行り、数年かかって人類に抗体ができ、やがて収束していく。医学的にみれば、こうした過程には何らかの法則性があるのだと思います。その法則が今回の新型コロナウイルスで生かされているのかどうか。過去これほどの大流行があったのですから、私たちはもう少しそこから学ぶ必要があったのではないかと思います。

関口　日本の死者数は、この後に起こる関東大震災の4倍だったそうです。それほどの大惨事だったのに、スペイン風邪は一般にはほとんど知られずに歴史の中に埋もれてしまいました。

保阪　こうした重大な疾病が過去いくども人類史を大きく塗り替えてきましたが、あまり目を向けられることはありませんでした。私たちが歴史を見る目には、大きな偏りがあったのかもしれません。

戦前の日本では、天皇を中心に歴史が継承されてきたとする「皇国史観」に合うように史実をつなぎ合わせてきました。戦後になると、今度は社会主義的な方向に導く「唯物史観」

看護婦が足らぬ・
金はイクラ出しても居らぬ

感冒流行に乗じ
口蓋の馬鹿値上
一圓近くの物さへ出來た
見榮張らず自宅で作れ――と
潮衛生局長の談

東京日日新聞（大正９年１月15日付）（左）
九州日報（大正９年１月19日付）

によって、史実が整理されてきたように思います。

しかし、そうした見方では、やはり偏りが出てきます。何が起こったのかを丁寧に見てそれを積み重ね、その中から何を教訓にすればいいのかという実証主義的な歴史観が必要なのではないでしょうか。そのときの情勢に合わせて上から歴史を見るのではなく、下から積み上げていく歴史観を持たなければ、こうした疾病の正確な分析もできないし、教訓を生かすこともできないのではないでしょうか。

13

大正8（1919）年1月18日

パリ講和会議「主要5カ国」入りした日本の昂揚

パリ講和会議開会。ドイツの賠償金や領土の割譲を巡り、フランスとアメリカが対立、日本はアジアにおける利権獲得を目指した。

関口　大正8年1月、フランス・パリで戦勝国を中心に33ヵ国が参加する講和会議が開催されました。第一次世界大戦の戦後処理や大戦後の世界態勢について話し合う国際会議で、日本は主要5ヵ国の一つとして参加しました。主要国は他にアメリカ、イギリス、フランス、イタリアでした。

保阪　日本は、イギリスをサポートした軍事力が認められたのだと思います。もうひとつはアジアでの影響力の

パリ講和会議に臨む各国首脳

大きさです。日清、日露戦争を経てアジアに支配権を広げていることを考えると、やはり日本を抜きに国際社会の軍事バランスは考えられないと評されたのだと思います。

関口 日本からは西園寺公望元首相が参加します。パリまで船で1ヵ月以上かかりますから、長期間留守にできない原首相に代わって西園寺が行くわけですが、なんと総勢60名の大使節団でした。後に総理大臣となった吉田茂や近衛文麿、芦田均、外務大臣となった松岡洋右や重光葵など、このときの日本代表団からはその後の日本を主導する人たちを輩出しました。

会議でアメリカが唱えたのは、国際協調、民族自決、国際連盟の設立、無賠償・領土の無併合でした。民族自決というのは、民族がそれぞれ政治的に独立し、自分たちの政府をつくる権利を認めようということです。アメリカのウィルソン大統領は、ドイツに対して非常に寛大な案を提唱しましたが、それに強く反対したのがフランスです。断固として賠償金の支払いと領土の割譲を求めました。

保阪 アメリカはドイツに過酷な賠償を科すより、協調を目指そうとしたのです。

フランスとドイツは長年領土争いを繰り返し、48年前の普仏戦争ではドイツに領土の一部を奪われ、フランス国民の多くはドイツに憎しみを抱いていました。この大戦が4年以上も続いたのは、フランスとドイツの間の敵対感情が相当大きかったからとも言えます。

関口　イギリスは当初はアメリカを支持していましたが、ドイツに対して弱腰だと国内から批判が出てフランス支持に回ったそうですね。

保阪　講和会議はアメリカ主導ではありましたが、実質的にはフランスが戦勝国として権益を確保しようとした会議だという気がします。

関口　そうした中、なんとウィルソン大統領がスペイン風邪で倒れます。数日後に会議に復帰しますが、そのころにはフランスとイギリスが強硬にドイツを追い詰めていた、と。

保阪　ウィルソンが療養で席を離れている間に、イギリスとフランスの結び付きが強くなり、アメリカとしてはそれを追認せざるを得ないという状況になったようです。

関口 これでドイツへの賠償請求と領土割譲が決定するわけですか。歴史の不思議ですね。ウィルソンが元気で頑張っていれば、歴史は変わっていたかもしれない。

日本は連合国と歩調をあわせたものの、自分たちの利害が絡む問題以外はほとんど発言せず「サイレント・パートナー」と言われてしまったそうですね。

保阪 会議の全体的な方向性に順応していたのだと思いますが、会議を見ているだけなら60人も行く必要があったのかなという気もします。

関口 侍の時代から50年くらいしか経っていませんから、世界会議での立ち位置がまだよくわからなかったのかもしれません。

ヨーロッパ問題では沈黙していた日本ですが、アジアの利権については自説を主張します。山東半島と南洋諸島のドイツ領土権の無償および無条件譲渡を要求します

日本の代表として会議に出席した牧野伸顕（左）と西園寺公望

が、アメリカに反対されてしまいます。

保阪　日本に対する警戒心もありましたが、民族自決の面から見ても、一国の独立や権益を犯すことは認められないという思いがアメリカにはあったのです。

関口　結局、山東半島については日本に継承が認められますが、南洋諸島のドイツ領土権については日本の「委任統治領」となりました。

保阪　委任統治領とは国際連盟が日本に統治を委任するということです。日本は人を送り、産業を興し、軍事基地をつくって植民地のような形にしていきます。

関口　もう一つ日本が注目されたことがあります。国際連盟規約に「人種差別撤廃」を明記するよう提案したことです。その背景には、欧米に広まる「黄禍論」があったと言います。日本人や中国人に対する人種差別ですね。

保阪　当時は黄禍論だけではなく、黒人差別もひどいものがありました。この二つの差別に対して日本は異議申し立てをしたのです。これ自体は

明治元年

明治38年

かなり斬新な取り組みでした。

関口　しかし、賛成11、反対5。全会一致でなければ承認されないため、否決されます。

保阪　日本はここで徹底的に訴えれば、世界史の中での位置付けも変わっていたと思います。しかし、提案を取り下げてしまいました。

関口　取り下げたのは、山東半島の権益を承認してもらうためでしょうか。

保阪　それは解釈によりますが、正しいことをしているなら主張を貫けばよかった。日本は途中で提案を取り下げたことで、権益目当てだったと見られても仕方がないと思います。

大正8年

14

大正8（1919）年6月28日

アメリカ・ソ連・ドイツは不参加「国際連盟」が発足

ベルサイユ条約調印、国際連盟の創設を規定する。アメリカのウィルソン大統領が提唱したものだったが、国内の反対でアメリカは不参加。日本は常任理事国の一国となる。

関口　大正8年6月28日、パリ近郊のベルサイユ宮殿で連合国とドイツとの講和条約「ベルサイユ条約」の調印が行われました。

普仏戦争でドイツがフランスに勝ったとき、講和条約の仮調印と、ドイツ皇帝ヴィルヘルム1世の戴冠式をここでやっています。

保阪　当時のドイツはそれくらい大きな顔をしていたわけです。フランスは、今度はその場にドイ

会議を主導したアメリカ・ウィルソン大統領

ツを呼びつけて、屈辱を与えようとしたのです。

関口 条約の主な内容は、ドイツの海外権益の放棄、普仏戦争で獲得したアルザス・ロレーヌ地方をフランスに戻すこと。さらに軍備制限や徴兵制廃止ですね。そして、1320億マルクという莫大な賠償金は当時のドイツの国家予算20年分、現在の価値で約200兆円に相当する額でした。

保阪 驚くのが、これをドイツは長年払いつづけ、ようやく完済したのが2010年だったということです。

関口 つい最近ですね！ それほど巨額だったわけだ。ドイツでは帝政が倒れて共和制になりますが、小党が乱立して政権は不安定になります。巨額の賠償金や経済悪化も、社会不安に追い打ちをかけます。こうした中、ヒトラーという人が台頭してくる。ですから、第一次大戦から第二次大戦まではつながっていると言えますね。

保阪 このときドイツに過酷な要求を突きつけたことによって、ドイツ人の民族的誇りがズタズタにされてしまいました。第二次世界大戦ではその反省から、敗戦国に科す賠償を抑えたのではないかと思います。

関口　さらに、ベルサイユ条約では、アメリカのウィルソン大統領によって国際連盟の設立が提唱されます。参加国は42ヵ国。当時、独立国は60ヵ国あったと言いますから、7割ほどの国が国際連盟に加盟したわけです。

しかし、提唱したアメリカ自身は、結局この連盟に入らなかったそうです。ウィルソン大統領は、「モンロー主義」を主張するアメリカ国内の世論や保守派の反対勢力を抑えることができなかったと言われますが。

保阪　モンロー主義というのは、アメリカ第5代大統領ジェームズ・モンローがアメリカ大陸とヨーロッパ大陸間の「相互不干渉」を提唱したことを指しますが、要するに我々のことは放っておいてほしいし、我々もあなた方には干渉しないと。このモンロー主義を提唱していた1823年ころというのはアメリカが国造りをしている最中でしたから、他国に干渉されたくないという思いがあったのでしょう。その後、

ジュネーブで開かれた国際連盟の総会

南北戦争で60万人以上の死者が出たこともあり、アメリカ人の中にはやはり戦争は嫌だという感覚が出てきます。

関口 だからアメリカは第一次大戦になかなか出て行かず、最後にようやく参戦したのですね。それで大戦に勝利しましたが、この国際連盟ができたときには、やはりモンロー主義に戻ってしまったということでしょうか。

保阪 アメリカの歴史を見ると、他国と干渉し合わないけれども、同時に、相手が自分たちの国に指一本でも触れたら決して許さないという強い姿勢があり、自国を脅かす者については徹底的に叩きます。日本の真珠湾攻撃に対する反転攻勢は、その典型でしょう。

関口 当時、国際連盟に不参加だった主な国は、アメリカやドイツのほか、オーストリア、ハンガリー、ソ連です。ソ連が不参加だったのは革命後で、国内がごたごたしていたからでしょうか。

保阪 というより、国際連盟の側の事情でしょう。ソ連が入ったら、各国の労働者に悪影響を与えると不安視したのだと思います。

関口 日本は常任理事国になりましたね。

保阪　日本政府は事務局次長に日本人を就けることを要求して、他の常任理事国の了解を取り付けたそうです。ところが日本国内には適任者が見あたらず、たまたま欧州視察中だった新渡戸稲造（にとべいなぞう）が選ばれました。

関口　新渡戸さんは、盛岡出身の農政学者・教育者で、アメリカやドイツにも留学したクリスチャンでした。奥さんはアメリカの方です。

保阪　新渡戸は『武士道』という本を英語で書いたことで有名です。

西欧では「信仰する宗教は何か」と聞かれることがたびたびあったが、日本人の多くは特定の宗教を持たない。では、日本人の精神の骨格になっているものは何かと考えたとき、武士道があった。そこで新渡戸は、自分自身のプライドや主君への忠誠心など、日本人を支えているモラルを、武士道という名前で紹介した。それがアメリカでベストセラーになります。

関口　それによって多少は日本人が理解された面もありますね。

新渡戸稲造は国際連盟に「国際知的協力委員会」という機関をつくります。これは後のユネスコのもとになり、キュリー夫人やアインシュタインなどにも委員就任を依頼していたとか。世界を広く見ていた方なのですね。

国際連盟の事務局次長となった新渡戸稲造と、著書『武士道』

15

735名が犠牲になった惨劇「尼港事件」と日ソの衝突

大正9(1920)年3月12日

ソビエトの港町・ニコラエフスクで、革命派のゲリラ部隊が司令部を奇襲。日本の民間人と軍人735名が惨殺される。日本から派遣された救援軍が、北サハリンを占拠した。

関口　ロシア帝国が崩壊し、社会主義政権が指導するソビエトが誕生しましたが、帝政復活を掲げる白系ロシアなどの反革命派が抵抗を続けていました。日本はこの反革命派を支援していたのです。

その拠点となっていたのがニコラエフスク。アムール川の河口から80キロほど入った場所にある港湾都市で、日本では尼港(にこう)と呼ばれていました。大正7年に日本軍が侵攻し、日本人居留民を守る名目で占領していました。

尼港事件を起こしたパルチザン指導者たち

保阪　ニコラエフスクはサハリン州知事も居住する政治的中心地でした。日本は、白系ロシアの人々がここに反共産主義の国家をつくるのをサポートしようとしていたのです。

関口　大正9年1月、この街に4000名のパルチザン部隊が現れ、日本人と日本軍を包囲する「尼港事件」が発生します。パルチザンとは、革命派の非正規のゲリラ部隊だそうです。中国の艦隊や朝鮮人住民もパルチザン側に味方し、日本軍が降伏したときには日本人の大半が戦死しており、たてこもった人は監獄に収容されていました。それを知った原内閣は急遽、救援軍の派遣を閣議決定します。

それに刺激されたのか、パルチザン側は日本人捕虜を全員殺害、市街地を焼き払って撤退しました。民間人384名、軍人351名、計735名の日本人が犠牲になりました。当時の大阪朝日新聞には「国民の前に吐露されし　邦人虐殺の血と涙の真相」とあります。何とも凄惨な事件です。

このとき歌人の与謝野晶子（よさのあきこ）は「義憤を唯だ専ら無頼の劫盗（きょうとう）たるパルチザンばかりに向けることは決して今日の日本人の為し得ない所。出兵を推進

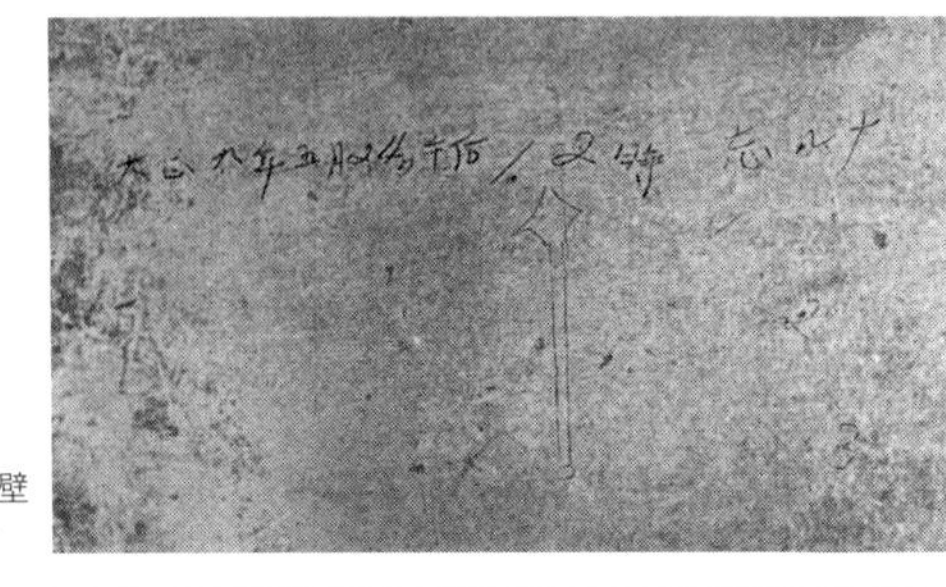

監獄に囚われた日本人が壁に書き残したメッセージ

した政府にこそ、この事件の責任がある」と発言しています。

保阪 この非人間的行為に多くの日本人が激高しましたが、与謝野晶子のような政府批判も表に出てくる時代になっていたのですね。

私は強い興味があり、ロシアの研究者とこの事件について話をしたことがあります。ロシアではもともと、日本人は大人しくて無茶をしない民族だと伝えられてきたそうですが、第二次世界大戦後は子ども向けの教科書にも「日本人は残酷だ」と書かれるようになった。なぜなら、この尼港事件の前のシベリア出兵の際に、日本軍がやったことがあまりにひどかったからだと言うのです。

彼らが言うには、大きな鍋の煮えたぎった湯にロシアの捕虜を投げ入れた、それでパルチザンがあそこまで怒って日本人を惨殺したのだと。しかし日本の史料にはそんな事実は残っていませんし、いくら何でもそんなことはないはずだと私が言っても、「教科書に書いてある」と引かないのです。

関口 こちらから見ると、ひどい目に遭っているのは日本人のほうではないかという気がしますが。

この尼港事件の1ヵ月後、原内閣が送った部隊が尼港へ到着し、北サハリンを「保障占領」すると宣言します。保障占領とは、尼港事件が解決されるまで担保として占領するということですが、それに対してアメリカが抗議します。北サハリンは事件現場のニコラエフスクの向かいの島ですから、なぜそこを占領する必要があるのかということでしょう。

それに対して日本側は、北サハリンは南樺太とニコラエフスクをつなぐ交通の要衝であり、ニコラエフスクに駐留する日本軍や日本人居留者の安全を確保するためと釈明しますが、少々無理がある気もします。

保阪　北サハリンは石油が出ますから、日本がその利権を狙っていることは一目瞭然だったのでしょう。原内閣は北サハリンのアレクサンドロフスクを将来領土とする計画を立てていました。この時代は、日本以外のどの国も、本音では帝国主義的な政策を考えていたはずです。

ニコラエフスクに入る日本軍

16

裕仁皇太子欧州歴訪の旅 ジョージ5世とロンドンの街へ

大正10(1921)年5月7日

裕仁皇太子がイギリスに到着。その後、欧州5ヵ国を訪問する。国内では大正天皇の病状が深刻になり、皇太子に「帝王学」が必要という議論が高まっていた。

関口　大正9年7月24日、宮内省は40歳になられた大正天皇の体調について国民に発表します。「近年心身ご疲労にあらせられ、ご静養中の病状については、はっきりした好転の兆しが見られない」(朝日新聞)。大正天皇は若いころからそれほどお元気ではなかったと聞いていますが、この時期にはさらに悪化してしまったということでしょうか。

保阪　生誕時からいろいろなご病気をお持ちでしたが、

ロンドン到着3日目、市庁舎での歓迎会に臨む皇太子(中央)

成人しても良くならず、むしろ悪化して、大正9年から宮内省も大正天皇のご様子を定期的に発表しはじめます。

関口　「御倦怠の折柄には御態度に弛緩を来し、御発語に障害起こり、明晰を欠くこと偶々これあり」。ご発言に明晰さを欠くことがあり、内外の参内者の謁見が不可能になったということですか。

保阪　お会いしてもお言葉がわからないとか、自分で頭を叩きながら何かおっしゃっているといったことが発表されています。侍従武官の四竈孝輔(しかまこうすけ)の『侍従武官日記』には、国民に向けてここまで発表する必要があるのかという強い不満が示されています。宮内大臣の牧野伸顕(まきののぶあき)が天皇の病状を国民に発表していたのは、「摂政」による執務に移行するための準備だったのでしょう。

関口　摂政というのは、天皇の代わりに誰かが天皇の仕事を務めるということですね。このときは、裕仁(ひろひと)皇太子、後の昭和天皇がなさることになった。

大正天皇の次の時代が考えられるようになると、周囲からは「帝王学」が必要であるという声が高まります。

裕仁皇太子は、このとき19歳です。次の天皇になることが現実的になってくると、実体験による帝王学が一番であるということで、欧州歴訪の旅に出発されることになりました。

保阪　しかし、皇后がこれに反対します。日本の神の流れをくむ天皇が、なぜヨーロッパへ行ってヨーロッパの勉強をしなければいけないのかと。それに対し、これからは時代が変わると言って説得したのが、原敬首相や牧野伸顕宮内大臣でした。「皇太子様も外国の見聞や知識を持たなければ、今後天皇としてのお役目を果たすことはできません」と言うのですね。結局、6ヵ月ほどヨーロッパに滞在しますが、そこでの見聞が、昭和天皇を国際的な視点を持つ天皇にしたのは事実でしょう。

関口　皇太子は横浜港を出発し、沖縄・香港・シンガポールなどに寄港しながらヨーロッパへ渡ります。イギリス・フランス・ベルギー・オランダ・イタリアな

ジョージ５世と馬車に同乗し、歓迎会に向かう

どを歴訪する初の外遊は半年間に及びました。

昭和天皇はのちに、皇太子時代の一番の思い出としてこの欧州旅行をあげています。特にイギリスのジョージ5世陛下と親しく交流したことは印象的だったようです。イギリスの政治について直接知ることができて参考になった、それまでの生活はカゴの鳥のような生活だったが、外国に行って自由を味わうことができた、と述懐されています。

保阪　ジョージ5世とは一緒に馬車に乗ってロンドンの市内を廻り、その際には東洋のプリンスだということで、ロンドン市民もずいぶん歓迎してくれたようですね。

昭和天皇は、後の記者会見などで自分が一番影響を受けたのはこのジョージ5世であるとまでおっしゃっています。ジョージ5世はあるとき皇太子を別室に呼び、君主の振る舞い方について教えてくれたそうです。

君主は臣下の提出する議案を裁可するが、その責任は問われないというのが立憲君主制であると教わったと。その後の人生では、

ロンドン市内で警備兵に敬礼する皇太子

この立憲君主制によって我が身を処してきたと述べました。

関口　第一次世界大戦終結から2年半後の、大戦の爪痕が生々しく残るヨーロッパで、皇太子は軍事施設や戦死者の慰霊碑なども目の当たりにされたようですね。

保阪　フランスとドイツの激戦地、ヴェルダンにも行かれています。このとき戦場の説明をしたベルギーの将官は、この戦場で2人の息子を失っていた。そのため、この将官は戦場の説明をしているうちに泣き出してしまいました。黙って聞いていた昭和天皇も涙ぐまれたと言います。

皇太子は19歳や20歳という年齢で、戦争の悲惨さや残酷さを現地でしっかり見聞きされています。世界大戦の悲惨さが頭に入っていた。

のちに昭和20年3月10日の東京大空襲の翌日、都内を見て廻った後に「第一次世界大戦よりひどいね」と漏らしたそうです。ヴェルダンで見た光景よりひどいとおっしゃっている。ヨーロッパで目にした光景は、ご記憶の中に生涯深く刻み込まれていたのでしょう。

電機工場を見学

17

大正10(1921)年11月4日

東京駅で暗殺された平民宰相 18歳の実行犯の背後関係

現職総理大臣の原敬が東京駅の改札付近で大塚駅の転轍手をしていた18歳の中岡艮一に刺殺される。原に信頼を寄せていた天皇、皇后はその死を悼んだ。

関口　大正10年11月4日、東京駅の改札付近で、原敬首相が中岡艮一（なかおかこんいち）という18歳の青年に短刀で刺され、そのまま亡くなりました。この中岡は東京の大塚駅の転轍手（てんてつしゅ）をしていたそうです。転轍手というのはレールのポイントの切り替えを行う人ですね。18歳の若い青年が、なぜ原首相を襲ったのでしょう。

保阪　正確な理由は現在もわかっていません。私も興味を持って調べたことがあるのですが、中岡の上役だった

原敬の葬列を多くの人が見送った

大塚駅の助役がかなり右翼的な思想の持ち主で、どうやら普段から中岡に世の中のことをよく語っていたらしいのです。原という首相は自分のことしか考えていないとんでもない人物であるとか、国民のことなど少しも考えてないということを再三吹き込んだと言われています。

中岡の「斬奸状」には、原敬は自分の利益になることだけを追い求めて日本人のモラルを崩し、政治を悪くしているといったことが書かれています。しかし原敬という人はお金にきれいで、爵位も受けていません。政党資金を着服したこともない。ですから中岡は、その辺をまったく誤解して書いている。誰かが原敬のことを悪く吹き込んだのだと思いますが、それを明らかにするような史料や証言はいまに至るまで出てきていません。

関口　原敬という人は爵位を持たない日本初の首相で、「平民宰相」と呼ばれて大衆からとても人気があったそうですね。自らが総裁を務める立憲政友会が議会のほとんどを占める日本初の本格的な政党内閣を樹立し、薩長を中心とする藩閥政治の打倒を実現しました。そんな総理大臣が殺されてしまったのは、単純な暗殺事件ではない気がします。

保阪　この事件には、やはり何かしらの政治的背景があると思います。一つは軍ですね。政党政治は基本的に軍部を抑え、軍事予算を控えめにするなどしますから、軍部は原敬内閣に対して好意を持っていなかったはずです。ひょっとしたら怒りの感情すら抱いていたかもしれない。

もう一つは政党関係者です。原は立憲政友会の代表で首相になっていますが、裏側にはさまざまな対立があったのかもしれません。

ただ、この事件で私がもっとも気になるのは、中岡艮一が昭和9年に恩赦で出獄していることです。

関口　中岡は、この事件で無期懲役の判決を受けたのに、13年後にもう社会に出てきたのですか。

保阪　無期懲役刑でしたが、恩赦を3回も受けて13年後に出獄しています。その後、中岡がどこへ行ったかというと、満州なのです。どうやら満州国軍の第四軍管区に匿（かくま）われていたらしい。わかりやすく言うと、満州国の日本の軍隊に入ったということです。普通の受刑者であれば、そういうことはあり得ません。

軍部がこの暗殺事件に関与していたということではないかと思えてなりません。

原首相は大正天皇と皇后との信頼関係が強かったという話をしましたが、原が暗殺されたことを知った皇后は涙を流し、

「原はいつもにこにこしてよくあのような態度が保てると考えていました。日ごろは心配事も多いはずなのに実に珍しい人でした」

そう追悼の言葉を口にしたそうです。

関口　惜しい人を亡くしたという気がしますね。

18

摂政になった皇太子 大正天皇の心痛と療養生活

大正10（1921）年11月25日

大正天皇の病状悪化によって、皇太子が天皇に代わって政務を務める「摂政」に就任。天皇の存在感が希薄な時期が、その後5年続く。

関口　大正10年11月25日、天皇のご病状が悪化したことにより、後の昭和天皇である裕仁皇太子が天皇に代わって政務を務める「摂政」に就任します。

保阪　一口に天皇の代わりを務めると言っても、そう単純な話ではありませんでした。旧皇室典範での定義は曖昧でしたし、実際に裕仁皇太子が摂政になると、どういう役割を果たしたらいいのか

摂政となった当時の裕仁皇太子

と議論が分かれます。

考え方には大きく二つあって、一つは、摂政が天皇になりきってそのお気持ちを推し量り、臣下から上がってくる資料に御名御璽（ぎょめいぎょじ）といって天皇の印を押し、署名する。

もう一つは、摂政になった皇太子という立場で天皇の代わりに判を押すという考え方です。

学問的には他にもさまざまな捉え方がありますが、基本的にはこの二つです。しかし、当時はこの辺が曖昧でした。大正10年11月から大正15年12月までの5年間、日本は海外で一度も軍を動かしていません。軍を動かすには天皇の判をもらわなければいけませんが、天皇が病で臥せっていて皇太子が摂政をしている間は、それをしなかったのです。

関口　天皇ご自身から判をもらわなければ、軍は動けないと考えていたわけですね。摂政に就いた裕仁皇太子も複雑な思いをされたでしょうね。

保阪　皇太子も当然そうですが、天皇ご自身にも複雑な思いがあったと言われています。たとえば、侍従武官の四竈孝輔が書いた『侍従武官日記』

を読むと、宮中でこんな噂が出ていると。摂政に御璽を届けようとした侍従長が天皇の執務室へ行くと、天皇は御璽を握って離さなかったというのです。「漏れ承はる」という言葉を使っているものの、おそらく事実でしょう。

これを摂政にわたしてしまうことは、天皇の責任を放棄することで、天皇を追われるという恐怖を感じていたのかもしれません。当時まだ20歳だった皇太子も、心に相当深く傷を負ったのではないでしょうか。それを感じたのは、はるか後の昭和63年に天皇が体調を崩したときのエピソードです。

関口　昭和の終わりのころの話ですね。

保阪　天皇は昭和62年に病に倒れて動けなくなり、翌昭和63年秋から療養に入ります。そのとき天皇が侍従たちにどういう話をしていたか、当時の侍従による日記を読むとよくわかります。ベッドに臥せっている天皇に侍従が「いま、こういうお仕事を皇太子様が代わりにやっております」と報告すると、「今回だけだよ、これ1回だよ」とおっしゃったとか、突然、

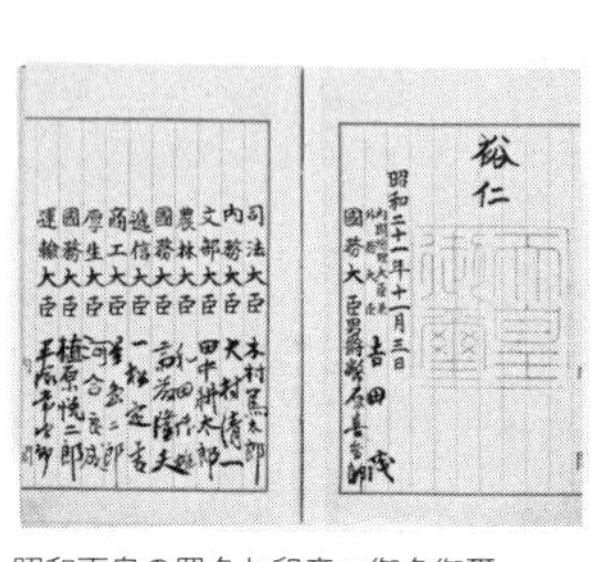

昭和天皇の署名と印章＝御名御璽

侍従に「摂政を置く会議を開いているのではないだろうね」と聞いてきたことなどが書かれているのです。

天皇の中には、自分は20歳のときに父の位を奪ったのではないかというお気持ちがずっとあったのかもしれません。天皇制という制度の中で、天皇となった人にしかわからない心の動きがあるのでしょう。

関口　それはもう、我々には推測することしかできません。こういうことは坦々と事務的に行われるように思われますが、やはり実際に行うのは人間ですから、どうしても心情的なものが付随してきますね。

19

ワシントン会議「日英同盟」解消のウラ事情

大正10（1921）年12月13日

太平洋・極東地域の権益や海軍の軍縮などを話し合うワシントン会議で「4ヵ国条約」を締結する。その結果、日本の政策の柱だった日英同盟が解消された。

関口　大正10年11月、戦勝国がワシントンに集まり、太平洋・極東地域の権益や海軍の軍縮などについて話し合う「ワシントン会議」が開かれます。

アメリカ大統領ハーディングが呼びかけたもので、権益を持つ日本、アメリカ、イギリス、フランス、オランダ、中国、ポルトガル、イタリア、ベルギーの9ヵ国が参加しました。

保阪　アメリカから呼びかけがあったとき、日本は被告

ワシントン会議の討議

席に座らされるのではないかと恐れたようです。日本は第一次世界大戦に少し参加しただけなのに、中国におけるドイツの権益を奪い取ったという批判ですね。

そこで、原敬内閣は加藤友三郎(かとうともさぶろう)、幣原喜重郎(しではらきじゅうろう)、徳川家達(とくがわいえさと)といった国際協調派に与(くみ)する人たちをアメリカに送ります。日本は軍事主導と思われているが、今後は協調路線でいくという姿勢を見せようとしたのです。

関口 ワシントン会議では、まず日本・アメリカ・イギリス・フランス間の「4ヵ国条約」が締結されます。これは「太平洋諸島に領有する権利の現状維持」と「太平洋問題に原因する紛争発生の場合、共同会議による解決」を謳っていますが、実はもう一つ、日英同盟の解消も盛り込まれていました。

日英同盟はアジアにおける両国の領土権と権益を守ることを掲げていましたが、アメリカは、日本の中国進出に利用されるのではないかと懸念していたのでしょうね。

保阪 日英同盟は日本の政策の柱でしたから。アメリカはイギリスと日本との連携を壊し、イギリスに対してはアメリカについてもらいたいと説得したと言われています。

イギリスにも、自分たちの思惑を超えて日本が膨張していくことへの強い不安がありました。また、アメリカとの同胞意識は日本より強いものがありましたから、日米を比較すれば、当然アメリカを選びます。

関口　続いて調印されたのが、中国の権益に関する「9ヵ国条約」です。中国の主権の尊重と領土の保全、さらに中国の経済上の門戸開放、機会均等を会議に参加した9ヵ国が約束する、と。これによって、日本は山東半島の膠州湾(こうしゅうわん)などの権益を中国に返還したわけですね。

保阪　膠州湾、つまり青島でドイツが持っていた権益を日本が取り上げていましたが、それを中国に返す。その代わり、日本は旅順や大連、満鉄などの権益をすべて保障されたのです。日本は膠州湾を失う代わりにこちらを選んだのだと思います。

関口　さらにアメリカは、海軍の軍縮条約を提案します。日・米・英・仏・伊の5ヵ国間で海軍力を制限する条約で、アメリカ全権ヒューズが第1回の総会で建造中の戦艦を率先して廃棄すると宣言した。まずは自らが戦艦を捨てます、ということですか。

保阪 アメリカがワシントン会議を招集した狙いはここにあったのではないかという説があります。これからは国際協調の時代だから軍事は抑えていこうという呼びかけですが、実はこの時代、どの国も財政が苦しいわけです。

関口 大戦後の世界恐慌が起きていましたからね。世界中がお金に困っていた。

保阪 アメリカはそれを計算して、会議の最初の日にこの提案を呼びかけたといいます。やはり、アメリカのプレゼンテーション能力はすごいものがあります。

関口 条約の内容は、今後10年間の主力艦の建造禁止と各国の主力艦の保有量の比率を、アメリカ、イギリスが5、日本が3、フランス、イタリアが1・67に定めるというものでした。日本は英米の6割の主力艦しか持てないのでは、

軍縮条約の結果、廃艦となることが決定された戦艦「加賀」

反対意見が出そうですが。

保阪　もちろん海軍は黙っていません。しかし、海軍の軍人だった加藤友三郎は、この提案に積極的に賛成しました。彼は、軍事というのは競争していけばお互いにどんどん膨れ上がっていくのだから、建艦競争などしていたら日本の国家財政はいっぺんに潰れてしまう、アメリカにはとても敵わないだろうと言ったのです。海軍の強硬派も「5・5・3」をしぶしぶ受け入れます。

関口　このように、アメリカによる新しい国際秩序「ワシントン体制」がつくられ、国際協調が進んだように見えますが、これも束の間のことでしょう。

保阪　1920年代は国際協調路線で進みますが、忘れてはいけないのは、この中にドイツとソ連が入っていないことです。歴史が次の段階へ進んだとき、この2ヵ国の存在が大きな問題として出てくるのです。

20

大正11（1922）年7月15日

「天皇制打倒」をスローガンに結成された秘密政党

山川均、堺利彦らによって共産党が秘密裏に結成される。君主制廃止、侵略戦争反対などを求めた。3月には治安警察法が改正され、女性の集会や結社の権利が認められていた。

関口　大正も10年を過ぎると、大正デモクラシーのうねりがさまざまな運動へと波及していきます。その一つが、大正11年3月3日、奈良県の被差別部落出身の西光万吉（さいこうまんきち）らを中心に差別と貧困からの解放を求めて結成された「全国水平社」です。創立大会には、全国からおよそ3000人が集まって解放の声をあげました。世の中に民主主義が浸透してきたことによって、差別されていた人たち

女性活動家、平塚らいてう

の意見が表に出るようになったということでしょうか。

全国水平社の創立大会では、「被差別部落民の自主的な解放」「経済と職業の自由の要求」「人間性の覚醒」の三つを掲げた「3ヵ条の綱領」を採択しています。これは日本初の人権宣言だと言われていますが、宣言文ではこのように述べています。

「人の世の冷たさが何(ど)んなに冷たいか、人間を勦(いた)わる事がなんであるかをよく知っている吾々は心から人生の熱と光を願求礼讃(がんぐらいさん)するものである」

いまの時代になると、この一文の意味はよくわかるような気がします。

保阪　この宣言は「人の世に熱あれ、人間(じんかん)に光あれ」という有名な一節で締めくくられています。これは日本のさまざまな宣言の中でも非常にレベルの高い人権宣言と評価されているし、私もそう思います。

関口　人権問題や差別問題は、令和の時代になっても積み残していることがたくさんあるように思います。さて、大正デモクラシーは、女性たちの間にも広がっていきます。大正11年3月25日、平塚(ひらつか)らいてうらを中心に結成された新婦人協会が、「治安警察法」の一部改正に成功し、女性に禁止されていた政治集会の主催や参加を勝ち取った。女性が声を上げはじめ、閉ざされていた女性の政治参加への道を一歩切り開いたというのですね。

保阪 女性に参政権がない制度は、やはりおかしいという声が女性たちから上がってきたのです。この時期、さまざまな女性活動家が出てきます。有名な平塚らいてうは明治44年に青鞜社という文学社を立ち上げ、女性の地位向上に貢献しました。

そして市川房江。この人は確かに平塚らいてうの影響も受けていますが、特に女性の参政権を求める方向に力を入れていきます。さらに、奥むめおという人も女性の権利獲得運動を行い、第二次世界大戦後は主婦連合会の主導者となっていきます。

こうした運動に関わる人は警察から相当な圧迫を受けるだけでなく、自分の周囲や親族からも強い圧力を受けました。それに屈することなく、声を上げつづけたわけですから、その意思の強さと行動力は高く評価されなければいけないと思います。

関口 第二次世界大戦後には女性も選挙権を持つことになりますが、それでもまだ完全に格差が解消したわけではありません。いまもまだいろいろなところで男女間の格差があると思います。

そんな中、日本でも共産主義の動きが活発化してきます。大正11年7月15日、山川均（やまかわひとし）や堺利彦（さかいとしひこ）といった人々を中心に、秘密裏に共産党が結成されました。彼らは「君主制の廃止」、これは天皇制廃止ですね。さらに「主権在民、民主主義」「侵略戦争反対」「植民地支配の廃止」などを求めたと。

保阪　天皇制の打倒などというのは、当時の日本社会では恐ろしくてとても口には出せないスローガンでした。これを掲げて運動を始めれば、当然、国家権力による弾圧が強化されます。自分たちも恐る恐るという気持ちであったと山川均も述べています。

関口　日本で共産党が結成されたのはロシア革命の影響でしょうか。

保阪　もちろんそうですが、大正デモクラシーには基本的に人間を大事にするという考え方があったことも影響していると思います。資本家によって搾取（さくしゅ）されている人たちを解放するという意味合いで、共産主義の政党が活動しはじめたのです。

日本共産党の創設者の一人、堺利彦

21

帝国国防方針を改訂「アメリカを仮想敵国の筆頭とする」

大正12(1923)年2月28日

帝国国防方針を改訂し、日本はアメリカを仮想敵国の筆頭に設定してアメリカとの戦争に備える。日本とアメリカとの間では徐々に緊張が高まっていく。

関口　ワシントン会議から1年数ヵ月経った大正12年2月、加藤友三郎内閣は、国の軍事戦略を示す「帝国国防方針」を改訂して、「仮想敵国」の筆頭をロシアからアメリカに変更します。なぜ日本はアメリカを仮想敵国にしたのでしょうか。

保阪　アメリカと日本との間で、対中国政策の衝突が起こることが想定されていたからです。パリ講和会議やワシントン会議の内実を見れば、日本

帝国国防方針を改訂した加藤友三郎首相

とアメリカがいずれ対決に至るのは、簡単に想像できました。

日本はアメリカとの軍事力の差を意識して国防意識を高めていました。アメリカの軍事予算や兵員、軍備を調べて、それに対抗する必要があると主張することが、軍事予算を請求する原動力になったのかもしれません。現実問題として、この後も軍事費はどんどん増えていきました。

関口　近いうちにアメリカと武力対立するという認識を持っていたわけですね。アメリカも日本を仮想敵国と見ていましたか。

保阪　当然そうですね。アメリカが日本との具体的な戦争計画「オレンジ計画」を秘密裏に考えはじめたのは、日露戦争が始まったころだと言われています。もちろんアメリカも、日本以外にイギリス、ドイツ、メキシコなどを仮想敵国に設定して、それぞれとの戦争に備えてプランも練っていましたが、中でも日本がいずれ国力を増強してくることを予測していたのです。

一方、日本海軍は、フィリピンと日本の間の太平洋一帯でアメリカの太平洋艦隊と戦うという戦争計画を練っていました。陸軍は、フィリピンに上陸してアメリカが持っている権益を押さえるという戦略でした。

関口　仮想敵国というのは、時代とともに変わってくるようですね。明治37年の日露戦争のときには、日本はロシア・アメリカ・ドイツ・フランスの順に仮想敵国と設定していました。大正3年に第一次大戦が始まると、ロシア・アメリカ・中国になり、大正12年の帝国国防方針の改訂ではアメリカ・ソビエト・中国になりました。アメリカだけでなく、ソビエトと中国も警戒しなければいけない。海軍と陸軍で、それぞれ警戒する国が違うということもあったのでしょうか。

保阪　大正12年の時点では、海軍は主にアメリカ、陸軍は主にソビエトを警戒していました。

関口　ソビエトの場合は、日露戦争のしっぺ返しが来ることを恐れていたからでしょうね。中国のことも警戒していたのでしょうか。

保阪　中国は、この段階ではまだ国としてしっかり固まっていませんから、大きな勢力にはなっていません。しかし逆に言えば、もし一つの国家としてまとまって軍事力を持つようになれば、巨大な国になるだろうということ

ワシントン会議前のアメリカ海軍主力艦の一つ、戦艦コロラド

とで、仮想敵国としたのだと思います。

しかし実際のところは、仮想敵国というより、中国を日本の「利益線」の範囲に組み込みたいという思惑があったのでしょう。

関口　帝国主義的な考え方の一つとして、中国へ攻め入って領土を広げたいと考えていたのですね。

22

大正12（1923）年9月1日

9万2000人が火災で犠牲に関東大震災の悲劇

震度7の巨大地震、関東大震災が発生。大火災も発生し10万5000人もの死者・行方不明者を出した。さらに大混乱の中で朝鮮人や中国人、社会主義者らが惨殺された。

関口　大正12年9月1日午前11時58分、土曜日のお昼に、関東大震災が発生します。東京、横浜など一都六県を中心に、関東の広い範囲で現在の震度で6強から7の揺れが観測されました。震源は相模湾の北西、マグニチュードは7・9でした。

２０１１年の東日本大震災はマグニチュードが9でしたから、地震の規模としては東日本大震災のほうが大きいけれども、死者・行方不明者10万５０００人を出した関東大震災のほうが被害ははるかに大きかったのですね。この当時の東京

関東大震災後の銀座通り

は木造家屋ばかりで、しかも昼食時だったため、火事による大被害が出たのですね。

保阪　死者・行方不明者の9割の9万2000人が、火災による犠牲者でした。

関口　地震後の写真を見ると、街が焼け落ちて大空襲の後のようになっています。銀座通りもほとんど何も残っていませんし、浅草の仲見世も何もないですね。

保阪　下町は、ほとんど焼けてしまいました。両国の陸軍被服廠跡は広い空き地だったので4万人が避難しましたが、「火災旋風」が起こり、短時間で3万8000人もの人が亡くなったと言います。

関口　火災旋風というのは、巨大地震などで広範囲に火災が起きたとき、火柱のように炎が渦を巻いて高く立ち上る現象だそうですが、私の父親もよく言っていました。父は上野公園へ逃げて助かったけれども、下町のほうへ逃げた人はたくさん亡くなってしまったと。永代橋も焼け落ちて、川は溺死者で埋まったそうです。

浅草十二階（左）と、丸の内

この日は、加藤友三郎首相が病死したばかりで総理が不在、政府は空白状態でした。さらに警察署や新聞社は大半が焼失し、交通や通信も途絶えます。そんな中、井戸に朝鮮人が毒を入れたというデマが飛び交います。

保阪　意図的に流された噂だと思います。どうやら警察と軍が噂を撒き、それを新聞が誇大に報道したと言われています。

関口　その噂を信じた人々が自警団を結成し、朝鮮人に暴行を加えて殺害したのですね。

保阪　常軌を逸した異様な行動をとってしまった。彼らは朝鮮人を判別するために、日本語を話させて、うまく話せなかった者を暴行したそうです。その結果、中国人や日本の地方出身者も犠牲になっています。標準語を話さない人を「言葉がおかしい。朝鮮人だろう」と問い詰めて惨殺する事件もあったそうです。

関口　こうした暴行の犠牲者数は、朝鮮人は1000人から数千人、中国人は少なくとも200人、日本人は60人だといいます。

保阪　この数は専門家調査会の数字だと思いますが、実際にはこれよりかなり多かったという研究者もいます。実は私の父親も、こうした光景を目の当たりにしています。父は当時、旧制横浜二中の1年生でしたが、地震で行方不明になった自分の父親を捜して、がれきの中を歩いていたら倒れている人に足をつかまれたと。相手は水が飲みたいと言っているので、お椀を拾ってきて水を汲んで飲ませたそうです。その人は、「ありがとう」と言って水を飲んだ。すると、いきなり後ろから棒で殴られたのです。5～6人の自警団に囲まれ、お前はなぜ中国人に水を飲ませたかというのですね。それで父は生涯、片耳が聞こえなくなってしまったのですが。

関口　お父さんに助けを求めていた人は中国人だったのですね。

保阪　上海から来た留学生のワンという人だったそうです。ワンさんは父の目の前で撲殺されてしまいます。父は、そのうめき声も全部聞いていたそうです。きっとトラウマになったのでしょう、父は生涯、横浜には足を踏み入れませんでした。大学も仙台、勤め先も北海道と、横浜を避けて暮らしました。

関口　本当にひどい話ですね。それにしても、なぜ当時の警察や軍はそん

灯籠などが倒れた東京・九段の靖国神社

な噂を流したのでしょう。

保阪　こういうときは治安が乱れますから、不穏な動きをすべて朝鮮人や中国人のせいにしようとしたのでしょう。また、この後には社会主義者たちが惨殺される事件が相次ぎました。9月3日には労働運動家ら十数人が拘束されていた亀戸警察署で軍の兵士によって殺害される「亀戸事件」が起きています。また、9月16日には無政府主義者の大杉栄、妻の伊藤野枝、甥の橘宗一が東京憲兵隊の甘粕正彦大尉によって殺害される「甘粕事件」が起こりました。実際に殺したのは甘粕の下にいた憲兵隊員だと言われていますが、反体制運動をしている者たちが、この機に乗じて軍人たちに殺されてしまったのです。

関口　朝鮮人だけでなく、軍にとっての妨害者は殺してしまえということですか。

保阪　社会主義者のような軍の批判者に対して、組織的な怒りをぶつけたのではないでしょうか。本当か嘘かはわかりませんが、ある憲兵は手記に、そうした人物は殺せとむしろ上から奨励されている雰囲気があったとまで

無政府主義者の大杉栄と伊藤野枝（上写真）
殺害を指示したとして軍法会議にかけられた甘粕正彦大尉（左写真 左から二人目）

書いています。

関口　事件は2ヵ月以上経ってから表面化して軍法会議が開かれ、甘粕大尉には懲役10年の判決が言い渡されたものの、たった3年で出獄したそうです。甘粕大尉はその後、満州に渡ります。

壊滅状態に陥った東京ですが、その後、復興を目指して動きはじめます。道路や橋など現代の東京の基礎となる都市の整備は、6年がかりで進められました。

道路を整備し、隅田川の9つの橋を鉄製にし、各地に防災公園を整備した。また本土初の鉄筋コンクリートの集合住宅も生まれます。ここで東京という街が、がらっと生まれ変わったのですね。

保阪　それまでは江戸時代の長屋のようなものも残っていましたが、関東大震災でそれらはすべてなくなり、この復興計画によって東京はまったく新しい街になったのです。

23

摂政の乗った車を銃撃！虎ノ門事件の衝撃とご成婚

大正12（1923）年12月27日

皇太子の乗る車が、24歳の共産主義者によって銃撃される。亀戸事件や甘粕事件の報復を図ったもので、犯行には仕込み銃が使われた。

関口　関東大震災で壊滅状態に陥った東京も復興を目指して動きはじめますが、その時期に「天譴論」というものが出てきます。財界の大御所である渋沢栄一らが、震災による東京の壊滅は、世の中が浮かれて贅沢にひたった天罰である、と唱えたそうです。また、天皇もそういうことをおっしゃったと。大正12年11月10日、天皇の名で「国民精神作興ニ関スル詔書」が出されます。この中

皇太子と良子妃

では、大戦景気やデモクラシーの風潮を「浮華放縦ノ習」「軽佻詭激ノ風」と戒めて、剛健なる国民精神を涵養することだと説いています。

保阪　ただ、これは天皇の名で摂政宮が御璽を押したものです。天皇の周辺にいる人たちが、大正デモクラシーのような運動はこの国の精神に反するという考えで行ったものです。特に社会主義を取り締まるためでしょう。

関口　実際、この時期は社会的な大混乱が続きましたが、その中で政治家や軍人の国家主義団体も次々と結成され、次第に軍事色が濃くなっていくように感じますね。

保阪　被災者救済や街の復興、治安維持などで軍部が前面に出て庶民のために動いていました。それによって、軍縮で低下していた軍の権威も回復していきます。しかし、実は軍の怖さもまた増していくわけです。

関口　震災後の社会的混乱は、摂政宮である皇太子にも及びます。震災から3ヵ月後の12月27日、帝国議会へ向かう摂政宮を乗せた車が虎ノ門で銃

ご成婚後、伊勢神宮を参拝した皇太子夫妻

撃されたのです。

この銃撃で東宮侍従長が軽傷を負いますが、皇太子は無事でした。犯人は24歳の共産主義者で、山口県出身の難波大助。父親が衆議院議員でしたが、本人は共産主義に触れて無政府主義者になっていました。動機は、社会主義者や共産主義者が弾圧された亀戸事件や甘粕事件の報復だそうです。

保阪　そういえば、後の市川正一や野坂参三、宮本顕治など、共産党の指導者にも比較的、長州出身者が多いのです。軽々に結びつけることはできませんが、長州には政治と深く結びついた空気があるのかもしれません。

難波の裁判では、司法省は精神的に異常な状態だったことにしようとしますが、難波本人は、私は確信犯であると主張し、共産主義の素晴らしさを語りました。結局、大逆罪で死刑になりますが、皇族に向けて銃を撃つという行為に出た人は近代日本ではじめてでした。

関口　その衝撃は大きかったのでしょうね。結局、この責任をとって山本権兵衛内閣は総辞職します。

こうした中、皇太子、後の昭和天皇は大正13年1月、久邇宮家の良子女王と結婚します。このご成婚は、関東大震災の影響で延期されていました。久々の明るい出来事として街は奉祝ムードに包まれますが、震災被害を考えて質素にしたいという皇太子の申し出で、盛大な式は行いませんでした。

その皇太子は、結婚前から新しい皇室のあり方を考えていました。大正11年1月、皇太子は牧野伸顕宮内大臣にこう言ったそうです。「自分の結婚もそのうち行う事とならんが、それにつき、特に話して置きたく考うるは、女官の問題なり。現在の通り勤務者が奥に住み込む事は全部これを廃止し日勤する事に改めたし」。女官を日勤制にして、側室制度を廃止したいということです。それまでの女官の中には、側室になる人もいました。天皇家を絶やさないために男子を生む必要があるが、そのためには女官制度が必要だという考えが歴史的にありました。皇太子は、それを変えようとしたのでしょうね。

保阪　現在の倫理的な観点からは外れますが、天皇家を子々孫々つないでいくためには側室制度はやむを得ないという考え方が長年あったわけです。皇后には皇子を生むことが宿命づけられていますが、もちろん必ず生まれるわけではありません。

関口　皇太子と良子さまは結婚後に7人のお子さんに恵まれましたが、上の4人は女性が続いたのですね。

保阪　ですから、もし第五子も女子だったら、やはり側室を持たなければいけないということで、すでに側室の候補者も選ばれていたと言われています。しかし、男子がお生まれになった。そのとき、鈴木貫太郎（すずきかんたろう）侍従長と天皇の間で交わされた最初の会話が「ついているか？」だったそうです。男の子か、ということですね。

関口　時々そういう表現をする人がいますね（笑）。

保阪　鈴木貫太郎は「大丈夫です、ついております」と答えたと。それによって側室の問題は解消されます。やはり天皇家には、我々とは違った感覚がついて回っていたということです。それでも、できることなら一般の人と同じ感覚でいたいというのが皇太子の切なる願いだったということは、我々も知っておく必要があると思います。

鈴木貫太郎

24

大正13(1924)年5月26日

日本人移民を全面禁止 アメリカの秘密戦略「オレンジ計画」

アメリカで排日移民法が成立、7月に施行される。日本との武力衝突を想定したアメリカは日本人移民を禁止。かねてから構想されていた「オレンジ計画」が発動する。

関口　ハワイ・グアムへの移民が始まったのが明治元年です。明治31年にハワイが併合されてアメリカの一州になると、ハワイにいた日本の移民たちはアメリカ本土へ押し寄せるようになりました。これがアメリカ人の雇用を脅かすということで、アメリカの労働事情に大きな影響を与えたわけですね。明治40年からは日本の移民が制限されはじめます。

するとと日本人は、次はブラジルへ移民として渡っていきます。さらに大正8年に第一次世界大戦で南洋諸島が日本のも

ハワイのサトウキビ畑で働く日本人移民(日本ハワイ移民資料館提供)

のになると、以降はそちらへも移民を始めます。このように、多くの日本人が海外に渡っていましたが、やはりアメリカ本土へ渡った人が多く、大正末期にはおよそ13万人もの日本人がアメリカにいたそうです。

しかし、アメリカはこの大正13年5月に移民制限をして、日本からの移民を全面禁止にしてしまうのですね。その背景には、反日的な空気があったということでしょうか。

保阪　アメリカに渡った日本人は、低い労働条件、安い給料で働いていました。そんな日本人に対して、白人たちは差別意識を持ち、徹底して排斥していたのです。日露戦争後の１９０６年のサンフランシスコ大地震のときには日本人をはじめとしたアジア人が襲われ、略奪の対象になったほどでした。パリ講和会議で日本が人種差別撤廃を掲げたのは、こうした背景があったからでもあります。

関口　そうした世論があったと同時に、アメリカ政府もこのころには日本との武力衝突を考えていたわけですね。

保阪　アメリカは、日本に対して「オレンジ計画」という計画を練っていました。日本の先制攻撃を待ち、経済封鎖して日本を自滅させるという戦略です。日清・日露の二つの戦争では、どちらも日本が先制攻撃を仕掛けていましたから、日本は必ず先制攻撃を仕掛けてくるはずだと考えたのです。アメリカはフィリピンに基地を持っていましたから、日本はまずフィリピンを攻撃してくるだろうと。日本は貿易で成り立っている国ですから、海上を封鎖してしまえば、その経済は根本から破綻してしまいます。アメリカは積極的に軍事攻撃をして日本を叩くよりも、国力を疲弊させて日本を自滅させようとしたのです。

関口　いずれ日米の消耗戦になったとき、海上封鎖して日本の経済を困窮させ、アメリカが勝利するというシナリオだったのですね。歴史はその通りになってしまいました。第一次大戦後に日本が南洋諸

屈辱の日來る
排日法實施は愈々今日から

對米示威
けふのプログラム

排日漫畫と同胞排斥の立看板

JAPS DONT LEAVE THE SUN SHINE ON YOU HERE
KEEP MOVING

東京朝日新聞（大正13年7月1日付）

島を治めることになったときは、アメリカは相当ピリピリしていたでしょうね。

一方国内では、虎ノ門事件の影響で第二次山本権兵衛内閣が総辞職。清浦奎吾(きようらけいご)内閣が立ち上がります。山縣有朋の考えに沿った人選だそうですね。

保阪 この時期、議会政治に傾斜していく政治家が多い中で、新内閣はむしろ「力」で抑える内閣でしたから、当時の国民の期待や考えに沿う政治とは言えなかったと思います。また、清浦内閣は閣僚のほとんどを貴族院から選び、世間から「特権階級内閣」と揶揄されるほどでした。

この清浦内閣に反発したのが、加藤高明の憲政会、犬養毅の革新倶楽部、高橋是清の政友会、いわゆる「護憲三派」です。彼らは政党政治のために手を結ぶのです。

関口 この人たちは明治時代の自由民権運動の流れから出てきた政党の人たちですね。薩長政治に待ったをかけるような勢力と言ってもいい。

倒閣圧力が高まり、大正13年1月31日、ついに清浦奎吾内閣は解散に踏み切ります。普通選挙実施などを公約にした選挙で護憲三派が圧勝、加藤

山本権兵衛（左）から政権を受け継いだ清浦奎吾

高明が総理大臣に就任しました。

保阪　大正時代の一つの流れとして、議会政治を大事にしよう、憲法を守ろうという国民感情が強かったということです。

関口　とはいえ加藤高明は、第二次大隈内閣の外務大臣として中国に「対華21ヵ条」という強引な要求を突きつけた過去もある人です。

保阪　政党人でも、案外帝国主義的な考えを持っている人も多かったのです。加藤高明などにもそれが言えると思います。

関口　加藤内閣から始まった本格的な政党政治は、五・一五事件で犬養内閣が倒れるまで8年間続きます。

25

紫禁城を追われた溥儀を保護、軍閥・張作霖を操る関東軍

大正13（1924）年11月5日

清朝滅亡後も居残っていた最後の皇帝・溥儀が北京の宮殿を追放され、天津に逃れる。これには、溥儀の利用価値を見据えた日本軍の策謀があった。

関口　1911年の辛亥革命によって清国が滅亡したあと、最後の皇帝・愛新覚羅溥儀はそのまま北京の紫禁城に住むことを許されていました。ところが、大正13（1924）年11月、突然紫禁城を追われることになります。

中国に群雄割拠した軍閥のうち奉天派の張作霖が、北京を支配していた馮玉祥に大金をわたして寝返らせることに成功、北京でクーデタを起こさせた結果、溥儀は紫禁城から追放されることに

ラストエンペラー・溥儀と婉容夫人

なりました。

行き場を失った溥儀を、天津の日本領事館が受け入れたのですね。関東軍はのちのち満州に溥儀をかついだ傀儡国家をつくりますが、このころからすでにそのような構想を持っている人がいたということでしょうか。

保阪　特務機関の連中は、この当時から明らかにそのような考えを持っていたと思います。私は天津で呉服屋を営んでいた日本人の息子さんに話を聞いたことがあるんですが、溥儀が天津にいるとき、この方のお父さんが溥儀に皇帝の服をつくって納めたというんです。満州国の皇帝になることを想定していたのですか、と聞いたら、それはわからないが、親父は職人として、密かにその服をつくったと話していました。

関口　では日本側は溥儀を天津に連れてくるとき、すでに溥儀に「将来は皇帝に」という話をしていたのでしょうか。

保阪　当然言っていたと思います。

関口　表立って証明するものはないですが、おそらくそうでしょうね。11月5日に溥儀が北京を追放されて天津に逃れると、張作霖が北京の実権を握りました。同じころ、南では国民党と共産党が「軍閥打倒」を合い言葉に手を結び、孫文を中心にやはり北京を目指します。第一次国共合作ですね。

保阪　国民党も共産党も、軍閥を打倒して中国を統一しようという点では同じです。そして、その妨げになる日本に対抗するという狙いだったと思います。

関口　日本の関東軍は北京の実権を握った張作霖にお金を出し、支援しているんですね。

保阪　日本人の軍事顧問団がついて、アドバイスもしているんです。

関口　ときの加藤高明内閣は国際協調路線をとり、中国の内紛には干渉しないとしていました。9月12日の閣議決定では「傍観の態度とあるは、不干渉の意味」とわざわざ書き込んでいるほどです。ところが関東軍はひそかに独断で張作霖を支援していたんですね。

一方孫文は大正13年11月に来日し、神戸で「大アジア主義」をテーマに

天津日本公使館で保護されていた時代の溥儀夫妻

講演しています。孫文は、欧米は覇道を基調とした物質文化であり、アジアは王道を基調とした精神文化である、とし、アジアは大アジア主義で一致団結して西洋諸国の横暴に対抗しなければならないと言っているのですね。

保阪 同時に孫文はもっと厳しいことも言っています。あなたたち日本は西欧の走狗になるのか、それともその精神文化で名士としてアジアをまとめていくのか、どちらの役を果たすのか、と。孫文は犬養毅らと親しく、意見交換を求めていたのですが、日本政府は東京に入ることを拒んでいました。

おそらく日本政府は孫文が共産党と接近したのを見て、孫文を利用する時代は終わったと考えたのかもしれません。

いまも中国に行くと、「なぜ日本は孫文の最後の演説を忘れたのですか。あの通りにしないのですか」と聞かれることがあります。

関口 ところがその孫文が、翌大正14年春、肝臓がんのために58歳の若さで亡くなってしまいます。

辛亥革命の指導者・孫文（左）、北京を支配した軍閥トップ・張作霖

「革命なお未だ成功せず　同志よって須く努力すべし」

というのが遺言でした。その孫文の遺志を継いだのが、義理の弟にあたる蔣介石（しょうかいせき）でした。

　中国の資産家・宋一族には３人の娘がいて、孫文はその次女の宋慶齢（そうけいれい）を娶（めと）り、蔣介石は三女の宋美齢（そうびれい）と結婚した。だから義理の兄弟になります。

保阪　姉妹それぞれ別の有力者に嫁いだわけですが、中国の歴史ではこのようなケースが往々にしてあるのだと思います。

来日した孫文が神戸で行った「大アジア主義」講演（孫文記念館提供）

26

「天下の悪法」治安維持法 普通選挙とほぼ同時に公布

大正14（1925）年4月22日

治安維持法を制定。共産主義勢力の弾圧を目的としたものだった。12月、京都学連事件に初適用されるが、当初から条文の拡大解釈が行われていた。

関口　大正14年4月、治安維持法が制定されます。

国体を変革し、または私有財産制度を否認することを目的として結社を組織しまたは事情を知りながらこれに加入した者は10年以下の懲役または禁錮に処する、としています。

保阪　国体の変革とは、天皇制を否定することを指します。私有財産制の否認とは、資本主義の否定です。つまりこのふたつは、新たにできた国家・ソビエトに

野外での軍事演習に臨む大阪市立高等商業学校の学生

共鳴するような共産主義運動を絶対に許さないという決意を示したものです。

関口　その後、法改正を経て適用範囲が拡大され、準備段階に対する処罰の強化が定められ、それがさらに弾圧の手段として利用されるようになりました。

２０１７年には通称共謀罪、テロ等準備罪が新設されましたが、そのときに治安維持法と同じだという批判が出ました。

保阪　私はそれはもっともな意見だと思っています。治安維持法は法の解釈が取り締まる側に任されていましたが、共謀罪も治安当局、取り締まる側の判断に任されるような曖昧な文言が多いんです。

治安維持法は、近代日本の最悪の立法です。その理由は単に弾圧があったからとか、人を拷問して何人が亡くなったからというのではなく、治安当局に法律適用の解釈が委ねられた、国家的な暴力だったからです。

治安維持法は社会の仕組みそのものの基本を崩す法律で、警察国家どころではない、もっとひどい結果を招いたと私は思っています。

関口　このころ、全国の学校に現役の将校が配置され、生徒たちに対する軍事教練が始まりました。さらにそれが教育と称した思想統制へと及び、各地の学校では反対運動が起こりました。12月には京都学連事件が起こります。軍事教育反対の文書が出版法に触れるとして京都帝大と同志社大の学生が検挙され、まもなく釈放されますが、翌年に今度は治安維持法で逮捕されてしまう。これが治安維持法の初適用例でした。

保阪　治安維持法が禁じたのは国体の変革と私有財産の否認ですが、京都の学生たちは軍事教育に反対しただけで、そのどちらにも該当しません。それでも取り締まり当局の裁量によって、治安維持法が適用されてしまった。治安維持法の怖さは、この初適用のときからずっとついてまわっています。

関口　そんななか、大正14年5月5日に選挙法が改訂され普通選挙が公布されました。明治以降、日本の選挙制度は少しずつ改正されてはきまし

治安維持法は
傳家の寶刀に過ぎぬ
社會運動が同法案の爲抑壓せられる事はない
十一日から實施
純眞な運動を
傷つけはせぬ

東京朝日新聞（大正14年5月8日付）

たが、まだこの段階では選挙権を与えられていたのはごく一部の人でした。それがここへきて納税額の制限をなくし、25歳以上のすべての男子に選挙権を与えることになった。それによって有権者の数は329万人から1241万人に増えます。総人口の5人に一人、約20％が選挙権を持つことになりました。

保阪　しかし、女性はまだ対象になっていません。社会で一定の役割を果たしている男性に選挙権を限定するという考えだったのでしょうね。

関口　考えようによっては、ときの政権にとって選挙は思い通りの結果にならない、煩わしいものかもしれません。なるべくなら普通選挙に踏み込みたくなかったのでしょうが、これとセットで、治安維持法が導入されるのですね。

保阪　普通選挙を実施すると、労働者が支援する無産政党が登場することが予想されます。社会主義的な傾向を持った、リベラルな政党が議会に出てくる。そこへ、治安維持法で社会主義的な言論には自ずと枠があるということを示そうとしたのでしょう。国体の変革と資本主義の否定に踏み込んではいけない、議会の議論も自由にできないということなのだと思います。

関口　それなら普通選挙などしなくていいのではないかという考えもあると思いますが、明治の終わりから大正にかけて外国から様々な思想が流れ込み、大正デモクラシーの潮流もありましたから、どこかでこの普通選挙を認めなければいけない。それはもう止められないのですね。

保阪　普通選挙を導入する代わりに、リベラルな思想の限界も作るというのが治安維持法の背景だと思います。

27

山手線開通、ブラウン管テレビ成功、大衆雑誌の隆盛

大正14（1925）年11月1日

山手線の環状運転開始。明治16年に開業して以降延伸を続け、40年以上をかけて環状運転を達成した。銀座の賑わい、ラジオや雑誌の普及など、大衆文化が花開いた。

関口　関東大震災によって壊滅的な打撃を受けた銀座は、早くもその2ヵ月後には建物が再建されて店舗が並び、通りには市電が走りはじめました。その原動力になったのが震災復興の勅令、通称バラック令です。建築規制を緩和して仮設建設物を5年間認め、掘っ立て小屋みたいな建物でいいから早く建てろと促した。それによってバラックの外壁や入り口に装飾を施した店が登場し、銀座は

震災後、銀座にできた森永キャンデーストア

洒落た建物が集まるモダンな街へ変貌を遂げ、森永のキャンデーストアや資生堂などの建物ができてきます。

このころできたのが築地小劇場です。劇作家の小山内薫（おさないかおる）さんらがつくってプロレタリア演劇などを上演し、新劇というものが登場しました。

保阪　浅草の軽演劇とは対照的な演劇で、日本人が髪を染めてアメリカやイギリス、ロシアの芝居をする赤毛ものと言われる芝居を上演したんですね。

関口　浅草あたりのわかりやすい芝居と比較すれば、難解な演劇だったと思いますが、それを見る人がかなりいたわけですし、それがまた、大正ロマンと呼ばれた文化のひとつだったのですね。

関東大震災では電話回線が壊滅してしまったため、船舶無線が活躍しました。ならば、これをもっと広げようという発想でラジオ放送も広がります。月額1円、現在の価値で1500円程度の聴取料をとっていましたが、加入者数はどんどん伸びたそうです。

保阪　当時の人にとって、箱から音が出てくるラジオというメディアはか

小山内薫と築地小劇場

なり驚きだったでしょうね。

関口 家にいながらにして知らない人の話が聴けるわけですから。人気になったのは、ラジオドラマ。それから「からたちの花」「ペチカ」「船頭小唄」などの歌も流行しました。「船頭小唄」はのちに森繁久弥さんが吹き込みなおして大ヒットしています。

保阪 この歌は、よく聴くとかなり刹那的な印象を受けます。震災のあと、庶民のあいだにどこか殺伐とした空気があったのでしょうか。

関口 当時倒産寸前だった読売新聞社は、ラジオ欄を載せることで急成長を遂げたそうです。新聞はテレビ欄しか見ないという人は、いまもいますからね。この立て役者が正力松太郎さんという人でした。大正12年の虎ノ門事件のとき警視庁の警務部長を務めていましたが、責任をとって警察を辞め、経営難の読売新聞に社長として入社した。その後昭和になってから職業野球団を組織します。現在のジャイアンツですね。時代の風を読むことに長けた人だったんでしょうね。

保阪 正力には事業の才覚があったことは事実だと思います。読売新聞を今日のように発展させる礎を築いたわけですから。

関口　山手線が環状運転を開始したのも大正14年だそうです。上野─神田間がつながっていなかったのが、ようやく環状運転に移行したのですね。

保阪　山手線の開通によって、都市の生活圏も変わります。明治期の富裕層は中央線沿いの四ツ谷や市ケ谷に住んでいましたが、それが山手線沿いへと広がっていく。私は以前、ある会社の社員名簿を調べたことがあります。明治期には幹部の自宅は四ツ谷などが中心でしたが、それが信濃町、新宿へと広がっていき、昭和の初めになると中野、高円寺と中央線の先へ向かい、さらに吉祥寺、三鷹、立川となっていきます。

関口　それだけ人口が増え、都心の地価が上がっていたのでしょうね。

　このころ、別の新メディアも登場します。世界ではじめて、ブラウン管で電子映像の表示実験に成功しているんですね。ラジオができたばかりなのに、もうテレビですか。高柳健次郎（たかやなぎけんじろう）という人が、ラジオで音声が送れるなら、映像も送れるはずだと言って、ブラウン管にカタカナの「イ」を表示することに成功しています。

70万部以上を発行した『キング』創刊号と目次

保阪　しかしまだテレビを作って普及させるところまではいかなかったんですね。

関口　はい、その後アメリカが先にテレビを完成させて、日本では戦後までテレビが普及しませんでした。

　この大正期には劇映画が撮影されて、尾上松之助（おのえまつのすけ）、通称目玉の松ちゃんをはじめとするスターも登場します。もちろんまだ無声映画で、解説する弁士がいました。

　雑誌も『週刊朝日』『サンデー毎日』『文藝春秋』など現在も刊行されている雑誌がこのころ創刊しています。なかでも大衆娯楽雑誌の『キング』が人気をとりました。「日本一面白い、日本一為になる、日本一の大部数」と創刊号に書かれていますね。それだけ売れたということでしょう。中身は実用的知識もあり、小説もあり、伝記もあって、付録までついていました。

保阪　大衆雑誌の先駆けですね。定価50銭で、創刊号は74万部売れたと言います。

日本一面白い！日本一為

になる！日本一の大部数！

28

「今日は帝劇、明日は三越」東京の富裕層と農村の貧困

大正15（1926）年12月

改造社の『現代日本文学全集』刊行開始、一冊1円の大衆向け書籍全集「円本」の皮切りとなった。欧米の文化の受容が進み、都会の富裕層は優雅な生活を謳歌した。

関口　大正時代になると、世界を結ぶ交通網が発達し、人の移動が活発になります。特に鉄路の整備が進み、東京からロンドンまでを16日間かけて結ぶ欧亜列車が登場しました。東京から横浜、名古屋を経て門司に至り、そこから船で朝鮮半島の釜山に渡り、南満州鉄道を利用してシベリア鉄道に乗り継ぎ、ベルリン、パリ、そこから船でイギリス、ロンドンに渡ると。そこまで行けるようになったのですね。

保阪　ものの本によると、大正2年には東京駅でパリ北駅行きの切符が買えたということです。

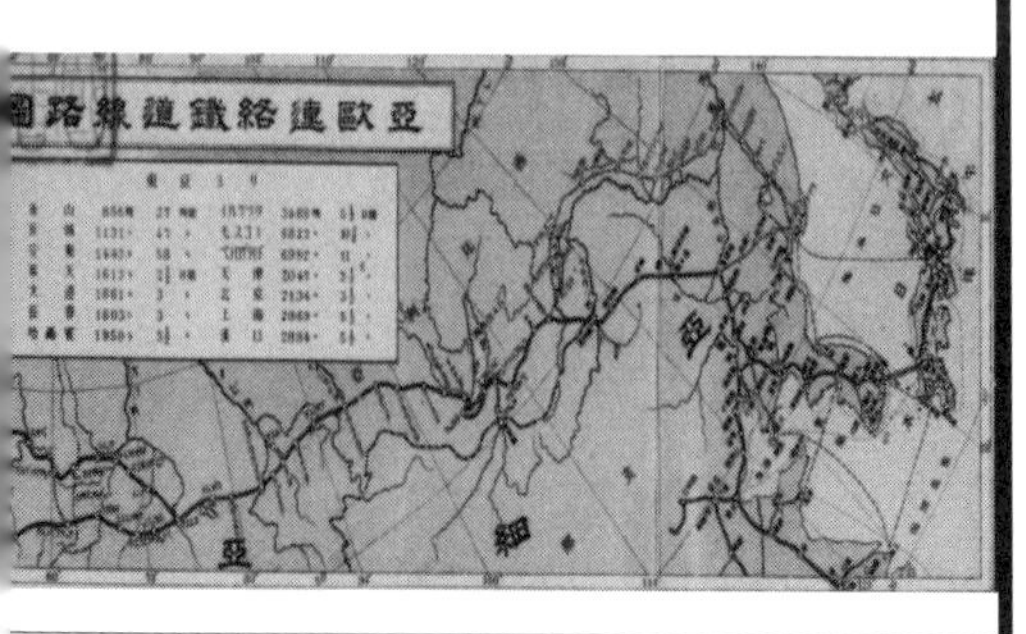

関口　運賃は大人一人、一等で400円、現在の価値にすると100万円くらいですか。ロンドンまで船でいくと50日かかったところを、16日で行けるようになったのは、当時の人たちも驚いたでしょうね。満州鉄道は日本が支配していて、その沿線に立派なホテルがいくつもできたそうです。作曲家の山田耕筰（やまだこうさく）、歌人の与謝野晶子、オリンピック選手も満鉄の旅に出かけています。

こうした国際化と経済成長によって欧米の文化の受容が進み、それが日本の感覚とあわさって「大正ロマン」「大正モダン」と呼ばれる文化が生まれてきました。「今日は帝劇、明日は三越」という広告がありますが、こうした優雅な生活をしている方が実際にいたのでしょうね。

保阪　このころには、かなりの富裕な資産を持つ社会階層が日本社会にできてきます。事業に成功した人や、不在地主として地元からの収入を得て東京に住んでいる人、あるいは地位の高い官僚や大会社の幹部、その夫人などですね。

関口　モダンな建築と消費文化も普及しました。赤玉ポートワインのセミ

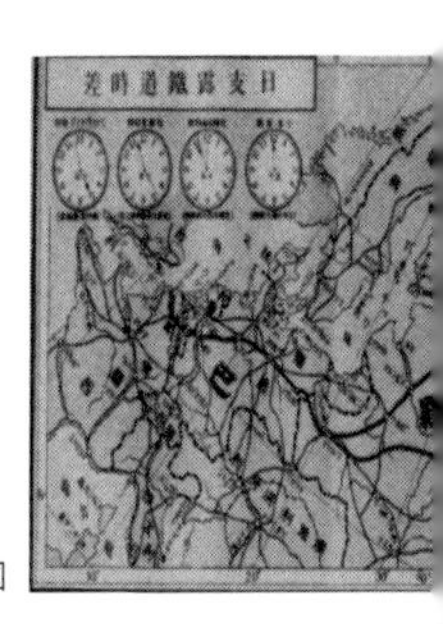

欧亜列車の路線図

ヌードのポスターは最近また注目されましたが、かなり斬新ですよね。こういうポスターをつくれるような自由もあったのでしょうか。

保阪　思想弾圧が始まるのは大正の終わりごろからですから、それまでは服装や建築物、生活全般に新しい感覚が入っていたのでしょう。大正デモクラシーの担い手である白樺派(しらかばは)の作家、武者小路実篤(むしゃのこうじさねあつ)がつくった「新しい村」では、地主も小作もなく、皆が平等に働いて平等の生活をするという理想を掲げています。

関口　英国調のレンガ造りの東京駅が完成します。画家の竹久夢二(たけひさゆめじ)はモダンな女性を描いて人気を博しました。

保阪　竹久夢二の絵が大正を象徴していると思うのは、江戸や明治期の女性の容姿のイメージを完全に取り払い、新しい時代の女性の姿を描いているところです。黒猫を抱いている女性の顔などはこれまでとはまったく違うという印象を持ちますね。

関口　一冊1円の大衆向け書籍「円本」も大正15年から刊行されていますね。国際化の影響は文化面だけではありませんでした。大正6年のソビエ

大正３年に開業した東京駅

トの成立を機に、社会主義運動も広がっていきます。

保阪 日本の場合、社会主義運動は労働者よりもむしろ知識人の間に広がっていくのです。旧制高校出身のエリートや、華族などの恵まれた家の子弟などが、貧しい生活をしている人たちの現実を見て自分たちとの落差、矛盾を感じ、社会主義を実践することが良心の発露なんだと考える。日本社会の貧富の差が底流にあったと思います。

関口 開国し、明治、大正と時代を経ていくなかで、西欧から様々な思想が入ってきますが、そのなかには政府や権力の側にとって都合の悪いものもあったということですね。

保阪 それともう一つ、文部省が公費で留学生を各国に送り出すのですが、大正のはじめは20人から30人くらいの数だったものが、大正8年ころから100人単位に大きく増員しています。国の発

セクシーな女性がワインを飲む斬新なポスター(左)、時代の空気を反映した竹久夢二画の三越の広告

展のために、若い世代の教育が必要だという発想があったのでしょう。

また、実業家の渋沢栄一は、外国人を日本に招いて、日本を見てもらおうという運動を始めています。これもまた大正5～6年から訪日する観光客が飛躍的に増え、年間3万人、4万人となっていきます。こうした試みも、国際社会と関係を持ち、もっと日本を知ってもらおう、日本もまた外国の事情を知らなければならないという狙いだったと思います。

29

抜きんでた文才　葉山御用邸で療養中の大正天皇47歳で崩御

大正15（1926）年12月25日

長く療養中だった天皇が葉山御用邸で崩御した。大正天皇には病弱な印象がついてまわったが、見事な漢詩をつくるなど文人として優れた才能を発揮した。

関口　大正天皇は幼少期から病気がちでしたが、大正9年以降、体調が思わしくないことがたびたび宮内省から発表されていました。

大正15年12月25日、天皇の崩御が伝えられます。風邪が原因の気管支炎が悪化し、午前1時25分、静養先の葉山御用邸で崩御されました。ただちにその2時間後の深夜3時15分、剣璽渡御（けんじとぎょ）の儀が行われます。

保阪　剣璽が渡されると天皇として践祚、あるいは即

天皇崩御を伝える東京日日新聞の号外

位したことが事実になります。先帝が崩御されたらすぐに即位、践祚の儀式を行い、皇位に空白をつくらないということですね。ですから、天皇が崩御された正確な時間は実際にはどうだったのか、発表された時間は操作されたものではないかということが言われます。

関口　新元号をめぐっては、新聞社のスクープ合戦がありました。東京日日新聞、現在の毎日新聞が、新元号は「光文」に決定したと報じます。ところが、結果的にこれは誤報になるんですね。

保阪　この一件について事情を知る新聞記者に聞いたことがありますが、東京日日の報道は正しく、新元号は実際に光文だったが、発表前に漏れてしまったために変更せざるをえなかったという説と、はじめから根拠のない誤報であったという説のふたつがあります。どちらが正しいか、いまだにわかりませんが、私は光文という元号は正しかったのではないかと思っています。

関口　もしそうだったら、保阪さんも私も光文生まれということになっていたわけですね。

元號制定
「光文」と決定―樞府會議で
「光文」
改元原案決定

元号「光文」をスクープした東京日日新聞

47歳の若さで亡くなった大正天皇には病弱なイメージがついてまわりますが、どのようなお人柄だったのでしょうか。

保阪　ご存命のときは、身体が弱いなどの悪評が意図的にまかれていたと思います。天皇は武ではなく文の人で、あまり軍事には積極的ではありませんでした。それに対して軍人たちだけでなく、宮内官僚の間にも、日本の天皇としてそれでいいのかという気持ちがあったのだと思うんです。なんとか病弱な天皇を脱して、変えていかなければいけないと。しかし、天皇の漢詩をつくる能力、それから文学的な才能は抜きん出たものがありました。庶民の目線をあわせ持っているんですね。

たとえば、中国の漢詩に題材をとりながら、貧しい女性を主人公とした漢詩をつくっておられます。外見、身なりを見て貧しい女と人は言うが、本当に心まで貧しいと言えるのだろうか、と。

ほかにも、執務室から窓の外を見ていると、渡り鳥が飛んでいく。季節が変わるごとにもっとも住みやすいところへと移っていく。いま私の前を飛んでいる鳥も、早く自分の棲み家を見つけてそこへ行ってくれ、という

葉山御用邸から運び出された天皇の棺

漢詩もつくられています。天皇としての漢詩ではなくて、この時代を生きた人の感性を生かした詩なんです。私はときどき大正天皇の漢詩を読みますが、心がきれいになるように感じます。

残念ながら天皇が漢詩をつくったのは大正6年までで、それ以降はありません。お身体が疲弊していたということなのだと思うのですが。

関口　皇后節子さまは昭和天皇を筆頭に秩父宮、高松宮、三笠宮と4人の皇子をもうけ、天皇の大きな心の支えになったそうですね。崩御の際は「皇后のおすすり泣きの声かなしく、皇后宮の尽きぬお嘆き」と伝えられています。

保阪　4人の皇子それぞれの結婚相手を見ると、歴史的な決着をつけられたように感じます。

昭和天皇の皇后の良子さま（香淳皇后）は薩摩藩のご出身です。それから秩父宮雍仁親王妃の勢津子さまは会津藩主松平容保公の娘です。高松宮宣仁親王妃の喜久子さまは徳川本家、慶喜の孫にあたります。三笠宮崇仁親王妃の百合子さまは小藩の河内丹南藩主高木家の孫。

つまり、朝廷の敵と言われた会津藩や、江戸幕府を率いた徳川本家の令嬢、明治17年の華族令によって爵位を得た高木家の令嬢を迎え入れているのです。山縣有朋はどうして長州藩から妃をとらないのかと文句を言ったという話もありますが、私の推測では、貞明皇后は長州藩に対してあまりいい印象を持たれていなかったのではないかと思うんです。

関口　裕仁皇太子のお妃を決めるときは、山縣はまだ力を持っていましたから、そのように感じたかもしれませんね。この昭和への代替わりのときにはもう亡くなっていますが。

昭和天皇は父・大正天皇について聞かれたとき、幼少の折、将棋を一緒にお相手したこともあるし、一緒に世界一周の歌を歌った楽しい思い出も残っています、と答えています。

左から皇太子、三笠宮、高松宮、秩父宮の４兄弟

おたたさま、つまりお母さまのことですね。おたたさまから伺ったことですが、天皇は非常に詩文をよくされ、人名をよくご記憶になっていたとお話しになりました。若くしてお亡くなりになったことを、いまなお非常に惜しんでおります、と。

保阪　大正天皇と皇后は、子どもを自分たちの手元で育てたいという希望を持っておられたのですが、それはかないませんでした。天皇はときおり裕仁皇太子や秩父宮、高松宮がいる皇孫御殿に行って、子どもたちの馬になって遊んだり、歌を歌ったり肩車をして親子の情を確認したんです。昭和天皇は、その思い出を語っているのでしょう。

30

即位した新天皇「昭和時代」国民への最初のメッセージ

昭和元（1926）年12月28日

大正天皇が崩御、ただちに即位した新天皇は「朝見の儀」でお言葉を公表し、宮中改革への意欲を示した。

関口　新元号「昭和」の出典は中国の「書経」という古典の中のこの一節だそうです。

「百姓昭明　協和万邦」

協和万邦のほうは世界中のすべての国（万邦）が手を取り合って仲良くしていこう（協和）ということなのでしょうが、百姓昭明はどういう意味なのでしょう。

保阪　国民がそれぞれの立場で徳を積むように明

即位した新天皇と皇后

らかにすると。つまり、昭和という元号には、単に国が繁栄するということだけではなくて、国民一人ひとりが徳を積んでいくという意味を持たせていたと思うんです。それが現実にどうだったかということはその後の歴史を見ていかなければいけませんが。

関口 そうですね。さて、12月25日に改元した昭和元年は、たった7日間しかありませんでした。内務省は年明け昭和2年1月3日まで歌舞音曲の演奏・上演停止を通達し、ラジオのクリスマス番組の中止も命じています。

保阪 クリスマスの行事はすでに明治時代から、特に豊かな階層では行われていたといいます。

関口 12月26日、帝国議会が開会されますが、新天皇は出席されていません。この日、逓信省が年賀状の扱いを取りやめました。

27日には昭和天皇が葉山から東京へ戻られ、大正天皇の棺も葉山から東京へ戻ってきました。

28日に「朝見の儀」が行われ、新天皇がここで覚悟を公表されています。

29日に大喪の礼の日程が決まり、30日、大喪の礼のために新宿御苑臨時駅の建設が開始されました。

大晦日の12月31日には、新天皇がかねて希望されていたとおり宮中のお局（つぼね）制度の廃止が発表されています。

朝見の儀で公表された新天皇の言葉は、以下のようなものでした。

「天皇としての役割はこのように国本を不抜に培い、民族を無疆に蕃（しげ）くし、以て維新の宏謨（こうぼ）を顕揚せんことをつとむべし」

難しい言葉で、すぐには意味がわかりません。

保阪　国の根幹は天皇にある、と。天皇として国民の中心になるように私も努力するし、それによって、明治維新からの日本の隆盛をさらに発展させますということですね。

関口　次に国民への呼びかけですが、「天壌無窮の宝祚」、これはまたすごい言葉ですね。

保阪　私の気持ちは、皇祖・神武天皇以来の天皇の歴史の中にある。国民も私がどういう気持ちでいるかということを理解して、私が目指す方向性を一緒に進めていきましょうと。国威発揚のために私とともに、あるいは

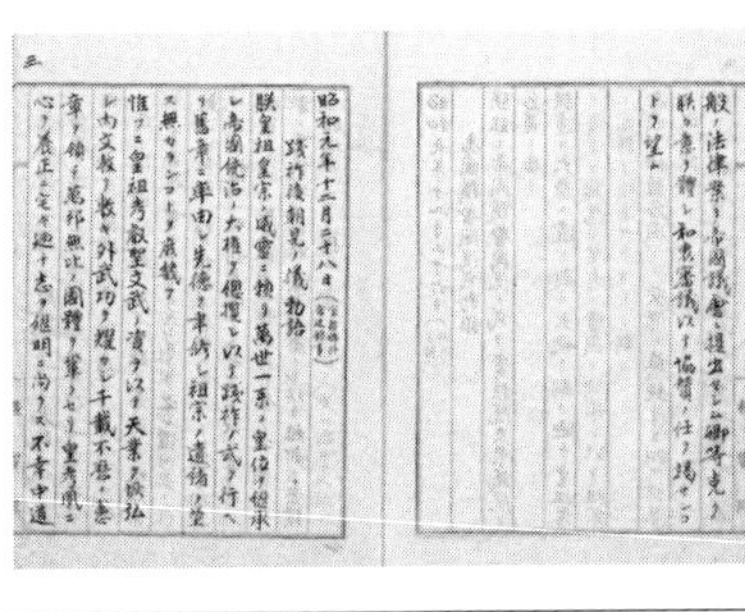

朝見の儀で発表された勅語

私の言うことをきいてこの国を世界に唯一の素晴らしい国にするのに努力しなさいと。

日本語としてほとんど使われていないような言葉を用いることで、権威を持たせているのだろうと思います。

関口　よくわからない言葉だから、国民もかえってありがたみを感じたのかな。

大正天皇の大喪の礼は、年が明けて昭和2年の2月7日に執り行われました。松明（たいまつ）やかがり火に照らされるなか、宮城（皇居）から葬儀場の新宿御苑まで4キロの道のりを牛車の葬列が進みました。

沿道では150万人が葬列を見送り、それをJOAKラジオ、つまりNHKが実況中継した。新宿御苑には臨時の駅が建設され、大正天皇の棺はそこから列車で八王子まで運ばれました。八王子に御陵、つまりお墓をつくったのは歴代天皇で大正天皇がはじめてだそうですね。

保阪　明治天皇の御陵は京都でしたが、大正天皇の御陵は関東につくられたのです。御陵をつくるには岩盤が強いとか、山に囲まれた静寂な地という必要条件のほかに、不穏や不敬な伝説、民話が伝わるような土地は避けるということもあったでしょうね。

関口 八王子に多摩陵がつくられたのは、その昔竜神が住み神聖な地と言い伝えられてきた場所だったからです。その後行われた一般参拝には、新宿御苑に250万人、多摩陵には90万人が訪れました。

大正天皇大葬の霊轜（れいじ）（棺を載せる車）

31

昭和2（1927）年3月14日

「銀行が破綻しました」大臣の失言が金融恐慌の引き金

片岡直温蔵相の衆議院予算総会での発言がきっかけで金融パニックが発生、後任の高橋是清蔵相が収拾にあたる。

関口　大正時代に始まった第一次世界大戦によって、日本は好景気に沸きましたが、戦争が終わりますと、今度は「戦後不況」に見舞われます。もう一度景気を底上げしようとしていたちょうどそのタイミングで起こったのが関東大震災でした。

震災のあとに発行した「震災手形」の期限が来て、これが恐慌につながってしまったようです。

失言した片岡蔵相

まず銀行の経営状態が悪化し、昭和2年3月14日の衆議院予算総会で片岡直温大蔵大臣が、

「本日、東京渡辺銀行が破綻しました」

と言ってしまったことから大きな騒ぎになってしまう。実際には「何らかの手を打たないと破綻する」という報告メモが入ったのを見て、その内容を勘違いして発言してしまったのですね。

保阪 官僚から入ったメモの言葉遣いを変えてしまったんです。それによって多くの人が「銀行が潰れたら自分の貯金がなくなってしまう」と恐れて、銀行に駆け付けた。

関口 取り付け騒ぎが起こったんですね。3月中に13の銀行が休業に追い込まれ、日本一の商社に成長していた鈴木商店が戦後不況と関東大震災によって経営が悪化し、倒産するということになりました。

さらに、鈴木商店倒産のあおりを受けて、そのメインバンクだった政府系銀行の台湾銀行が休業に追い込まれます。これによってさらに金融パニックが拡大し、19の銀行が休業に追い込まれました。

保阪　あっけないですね。このころの銀行は、いまの金融機関と違って、ずいぶん経営基盤が脆弱だったと言っていいと思います。融資先企業の経営悪化に加え、取り付け騒ぎが起きて銀行がバタバタと倒れていく。そうなると、預金が保護されない人たちが犠牲になり、大きな社会不安を引き起こすことになります。

関口　この金融危機は、政権にも影響を及ぼします。4月17日には若槻礼次郎（わかつきれいじろう）内閣が責任を問われて総辞職します。後継総理となったのは、元陸軍大将・田中義一（たなかぎいち）でした。この人は、長州の出身なんですね。

保阪　幕末・維新で活躍した山縣有朋らの次の世代の人です。

田中義一は大正14年、陸軍の機密費を持って政界入りし、そのカネで立憲政友会を乗っ取ってしまったと言われています。機密費というのは、どのように使っ

預金を引き出すため、東京の中野銀行に詰めかけた人々

たか明らかにしなくていいカネですから。

関口 なるほど。これ以降、政界に対する軍部の影響力が強まるきっかけになったのかもしれませんね。

田中内閣で四度目の大蔵大臣になった高橋是清は、銀行の取り付け騒ぎなど国民のパニックを鎮めるために、「秘策」を断行します。２００円札などのお札を大量に刷って発行したんです。このころ印刷された２００円札を見ると、裏側が印刷されていません。これがお札として通用していたんですか。ちょっと驚きです。

保阪 高橋蔵相は、とにかく銀行の窓口にお金を積めと指示しました。預金はきちんと保護されていると言って、その積んである札束を見せた。パニックに陥って取り付け騒ぎになるのを抑えるための作戦だったんです。

関口 はたして効果があったのか、わかりませんが。

この金融恐慌の影響で金融界の再編が進みます。銀行の資本金は１００万円以上に設定され、これによって中小の金融機関の統廃合が進みました。昭和２年には１４２５あった銀行の数が、５年後の昭和７年には６５１

新蔵相としてパニック収拾に奔走した高橋是清

にまで絞られ、三井、三菱、住友、第一、安田といった大銀行に預金が集中するようになります。これによって、銀行を中心とする財閥の力が強まっていくわけですね。

保阪　金融資本を軸にして財閥が形成されていく。そして、金融資本＝財閥が軍部と結びついていくのが昭和期の特徴です。昭和２年、３年ころはいろいろな事件が起こっていますが、事件の内容は大正末期と比べ大きく変わっています。何か人為的なものが関わっているのではないかと感じてしまいます。

32

昭和2（1927）年6月27日

蔣介石が進軍開始！ 第二次東方会議で「満州をどうする」

日本政府は中国東部の「満蒙」への関与政策をめぐり、第二次東方会議を開催。「対支政策綱領」を発表した。

関口　第一次国共合作（大正13年）のあと、孫文が亡くなると、蔣介石は広州を出発し、北京を目指す「北伐」を開始し、昭和2年3月、蔣介石の軍隊は南京と上海を占領します。このとき、共産党の周恩来（しゅうおんらい）が、上海で労働者を指揮して臨時政府を樹立したことを引き金に上海クーデタという事件が起こり、国共合作したはずの国民党と共産党はまたも分裂してしまうんですね。

国民党を率いた蔣介石

保阪　上海や南京にはブルジョワ層が多く住んでいたのですが、共産党は労働者・農民を代表する党だということで、こうしたブルジョワ層が共産党を嫌ったんです。そのため蔣介石率いる国民党に対して、共産党と一緒になるなと要求した。

そんな背景もあって、共産勢力が上海につくった臨時政府を、国民党が排除して潰してしまう。この事件は、ある意味で国民党が共産党に軍事的な制圧を加えたんです。

関口　蔣介石の北伐軍の一部が領事館や外国人居留地を襲撃したうえ、実行したのは共産党員だと釈明した、と。国民党と共産党はもともと水と油のような関係だったところを、中国を統一するまではと一緒にやってきましたが、やはりどこかで分裂してしまうのでしょうね。

昭和2年5月、日本軍は邦人保護を名目に大連にいた関東軍のうち2000人を山東に派遣して、青島に上陸させました。昭和に入ってはじめて軍隊を大規模に動かすことになったのですね。このころ青島には、およそ1万7000人の邦人が経済活動を行っていました。

保阪　昭和天皇は即位したことで、同時に軍を指導する最高命令者である大元帥となりました。摂政宮のときには佐官ですから、軍の将官たちは、摂政の裁可で軍を動かすわけにはいかないと考えたのでしょう。仮に軍を動かすことを求める書類が上がってきても、大元帥はあくまで天皇なのであって、摂政の立場では裁可できなかったでしょうね。

関口　そうかもしれません。

保阪　昭和の時代になると大元帥として御名御璽で裁可すればいいですから、大正と昭和というのは単に元号が変わったというだけでなく、その内実としても大きく変わっていると思います。

関口　なるほど。昭和に入ってはじめて軍を動かしたのは、やはり天皇の意思というよりも周囲の勧めによるものですか。

保阪　そこがもっとも重要なところで、私は、天皇が26～27歳という年齢で、自分の意思で軍を動

蔣介石（右）と馮玉祥

かすという決断をするのはちょっと無理ではなかったかと思っているんです。天皇には侍従武官や、侍従武官長がついていますし、陸軍大臣や参謀総長もしばしば天皇のもとを訪れ、上奏しています。

関口　そうした周辺の人間は、山東半島にはこれだけの数の日本人がいて、それを守らなければいけない、そのためにはどうしても出兵が必要だと言ったんでしょうね。ところが、国民党が共産党と対立したため、蔣介石は結局北伐の進軍を中止します。それを見て日本軍も撤兵しました。

保阪　南京、上海に問題を抱え、国民党の中にも対立がありましたし、日本軍との戦闘による損害を考えて、ここはいったん身を引くという判断だったのでしょう。

関口　昭和2年6月27日から7月7日まで、政府は外務省や軍の幹部を集めて、第二次東方会議を開きました。「東方」という言葉の意味するところは、中国の東部、つまり満州をどうするかと、それを決しようということですね。

集まったメンバーは、政府から田中義一首相兼外相、外務省の森恪(もりかく)政務次官、吉田茂奉天総領事、軍部からは鈴木貞一、武藤信義関東軍司令官。それから関東庁、朝鮮総督府、大蔵省からも参加しています。それぞれの思惑ですが、まず田中義一首相率いる政府は、張作霖を利用して満州に進出すべきであるという考えです。

森恪は日本が直接介入して満州を支配すべし、と相当強硬なことを言っています。

外務省は満州には積極的に進出すべきで、そのためには武力行使もあり得るとほのめかしている。ただし、アメリカには根回しが必要だと主張しています。

軍部は、満州を中国から切り離して日本の政治勢力に入れると。のちの満州国建国につながる考え方です。この東方会議を受けて7月7日、日本政府は「対支政策綱領」を発表し、当該国に通知します。満州における日本の権益保持のため、武力行使を含む積極的な行動をとる、としています。

保阪　外務省は、国際世論の反発を意識して武力行使は二義的に考えています。一方軍部は、仮想敵国であるソ連に対峙するため、満州は兵站の重

外務省の森恪政務次官（左）、関東軍司令官・武藤信義

要地点だとして譲らない。つまりいずれにせよ、政策の大きなところは同じなんです。満州への介入をより直接的にやるのか、間接的にするのかという思惑の違いの大まかな了解点が7月7日の「対支政策綱領」なんです。

関口　外務省にせよ、軍部にせよ中国という他人の土地に入り込んでどうするか、という話をしているのですね。

保阪　そうなんです。そういう帝国主義的な政策が当たり前に論じられるようになってきたということなんでしょう。それを批判する人たちもいましたが、吉田茂も当時は軍部に近い立場でしたし、外務省や軍部の考え方が社会の主流となっていました。

33

昭和2（1927）年12月30日

「マネキンガール」の登場と特高警察の共産党一斉検挙

日本初の地下鉄が浅草―上野間に開業。銀座にはモガ・モボが闊歩し、職業婦人たちの社会進出が始まった。

関口　市民の足と言われていた路面電車が慢性的な混雑で、「東京名物満員電車」とまで言われていた。それを解消するために地下鉄がつくられます。

昭和2年12月30日、東京の浅草―上野間に日本初の地下鉄が開業しました。もともと、上野から新橋まで開通させる計画で大正14年に建設が始まっていましたが、関東大震災とその後の大不況によって全長2・2キロに区間を短くして開業に漕ぎつけたそうです。

浅草―上野間に開業した地下鉄

運賃は10銭でした。路面電車が7銭、コーヒー一杯が10銭でしたから けっして安いとは言えない値段ですね。それでも物珍しさから、開業当時は各駅で大行列ができたそうです。この路線が渋谷まで延伸されたのは昭和14年でした。

保阪　現在の東京メトロ銀座線ですね。

関口　しかし世界的に見ると、各地でもっと早くに地下鉄が開業しているんです。ロンドンでは日本がまだ江戸時代の1863（文久3）年に開通しています。イスタンブールでは1875（明治8）年、そのあとブダペスト、ボストン、パリ、ベルリン、ニューヨークと世界の主要都市に続々開業していますが、日本ではロンドンから60年以上遅れたんですね。

地下鉄が開業すると、モガ・モボと言われる流行に敏感な人たちが銀座の街を闊歩するようになります。女性が本格的に社会進出するようになったのも、このころからです。昭和天皇即位を記念する博覧会で、髙島屋呉服店が「マネキンガール」を採用しています。時代の先端をいくおしゃれをして、お客さんを集めたんですね。いまでいうモデルでもあり、販売員を兼ねた仕事でした。

それからエレベーターガール、タイピスト、美容師さんなど、「職業婦人」が次々登場しています。

当時の婦人雑誌はこぞってこうした女性たちを取り上げます。表紙を飾るだけでなく、職業婦人の特集記事が組まれるほど、時代の先端をいく存在でした。

保阪 エレベーターガールとか、タイピストのほかにも、看護師さんなど技能を持った職業人として女性が活躍を始めています。小学校の先生や、通訳をする人もいました。

関口 まだまだごく一部だったのでしょうが、女性の社会進出の始まりですね。

昭和3年2月20日、普通選挙が行われ、田中義一党首の立憲政友会が217議席で第一党、立憲民政党が216議席で大接戦となる一方、労働者階級を代表する

女性の社会進出の象徴・マネキンガール

無産政党が大躍進しました。非合法とされていた共産党が、公然と活動をするようになります。経営者に対して待遇改善を求める労働争議では共産党員が指導的な役割を果たすわけですが、このころから労働争議が急増していきます。「国体を変革しようとした」として治安維持法違反に問われ、共産党員が一斉に検挙されました。

保阪　三・一五事件ですね。政府による思想弾圧は、この三・一五事件の共産党員検挙から顕著になります。取り締まりをする当局の権力の拡大と一体化し、日本が警察国家になっていく兆候もこのころから見えはじめます。

関口　明治44年に警視庁に設置された特別高等警察、いわゆる特高は翌年大阪府警に設置され、大正15年までに北海道、神奈川、長野、京都、兵庫、愛知、山口、福岡、長崎の各県警に設置され、作家の小林多喜二（こばやしたきじ）は『一九二八年三月十五日』という小説で特高の拷問の様子を描写しています。

小林多喜二の小説『一九二八年三月十五日』

保阪　特別高等警察という名称自体が治安維持法と一体化していますし、取り調べの過程での拷問も常態化していました。

共産党、ないしそのシンパには労働者、農民よりもむしろ知識人、旧制高校出身者、天皇側近の子弟などもいて、有力者の子弟が多いことに本当にびっくりします。豊かな環境で育ったがゆえに、現実の社会で貧困に苦しむ人が多い現実との間で苦しみ、「私はこんな生活をしていてよいのだろうか」と考える。その矛盾に直面したとき、共産主義思想というものに興味をひかれるのでしょう。

そのような感性の持ち主の間で共産主義思想はあっという間に広がり、特高などによる弾圧によって、あっという間にしぼんでいくんです。

小林多喜二

34

満州某重大事件　張作霖を爆殺した関東軍のどす黒い目的

昭和3（1928）年6月4日

軍閥トップ・張作霖を乗せた列車が奉天郊外で爆発。この爆殺事件の首謀者は日本軍の河本大作大佐と判明するが、河本はむしろ英雄視される。

保阪　張作霖は、息子の張学良（ちょうがくりょう）や側近に対して、「自分は中国の歴史のなかで漢奸と言われる存在になりたくない」と話したと言います。

関口　要するに漢民族に対する裏切り者ですね。

保阪　漢奸という言葉は、中国で一番不名誉な汚名です。日本の田中義一内閣は、張作霖を利用しながら日本が満州の権益を握り、運営していこうと考えていました。

関口　いっぽう関東軍の思惑は、張作霖を失脚させてその軍隊を潰してしまい、関東軍が直接満州を統治しようというものでした。その関東軍のなかで、河本大作（こうもとだいさく）という大佐が過激な意見を述べるようになります。
「満州における激しい反日運動は張作霖が意図したものであって、張作霖を抹殺すればこと足りる」
というのですね。

保阪　河本大作が書き残したものを読み、その発言を検証すると、関東軍が満州を直接支配するために、張作霖は邪魔者だ、というんです。満州を軍事的な空白地帯にし、そこに日本軍が入っていくと。
張作霖の軍隊には軍事顧問として日本の軍人が送り込まれていましたが、こういう顧問団の軍人の動きが、背景に見え隠れするんです。ですから張作霖爆殺事件の首謀者はもちろん河本大作ですけれども、その背後に、日本陸軍の総意があると見なければいけないと思います。

関口　6月4日の深夜0時55分、張作霖が特別列車で日本の軍事顧問とともに北京

奉天郊外で張作霖の乗った列車が爆破された

を離れると、それを知らせる暗号電報が流れていま す。さらに列車が進むにつれ、山海関などの要衝を通過したことを偵察者が逐次電報報告している。そして早朝5時30分、奉天の手前に差し掛かったときに爆発が起こります。

爆発直後、張作霖はまだ息があったそうですが、いち早く駆けつけた夫人と側近が奉天の邸宅に運び、「命に別状なし」と言って容態について箝口令を敷いたと。しかし、その後張作霖は亡くなっています。

保阪 張作霖が生きているとなったら、その意思を確認する必要がありますし、関東軍としても動きを止めざるを得ませんでした。

関口 首謀者の河本大作大佐は爆破事件の「犯人役」まで用意していた。対立する蔣介石軍の仕業と見せかける偽装工作をしたんですね。事件を伝える朝日新聞にも、「南軍（蔣介石軍）の便衣隊　張作霖氏の列車を爆破」と書いています。便衣隊というのはゲリラのことですね。

関東軍の謀略により殺された張作霖

保阪　張作霖爆破事件を調べる秘密委員会の資料を読むと、はじめはどうも南軍の便衣隊がやったようだという報告なんですが、外務省がそれを否定して、軍部が関与していることは様々な情報で確認されていると言うんです。軍部はしぶしぶそれを認めるんですが、「これが漏れると国際的に日本軍の威信に傷がつく」と主張するようになるんです。

この事件についてはコミンテルンなどによる謀略説もありましたが、日本政府の委員会ではっきりこのようなやり取りが記録されているので、疑う余地はないんです。

関口　そして蔣介石が北京に入ります。無血入城ですね。一方張作霖の軍隊は、息子の張学良が引き継ぐことになりました。

保阪　関東軍の軍人たちは張学良を取り込もうと工作しますが、張学良は自分の父親が日本軍に殺されたことを知っていますから。満州全域に国民党の青天白日旗を掲げるかどうかが注目されていましたが、張学良はためらうことなく掲げるんです。日本ではなく、国民党の側にいるという意思表示でした。

関口　田中義一首相も事件後、はじめから関東軍の仕業ということはわかっていたんでしょうね。

保阪　中国に駐在している外交官が本省に電報を打ち、関東軍によるものであることはどうも間違いないと情報を入れています。

関口　一方中国側の調査で、現場には日本側が敷設した爆弾の導線の跡が残されていた。爆弾自体も、蔣介石軍の便衣隊では到底扱えないほどの量だったことから、関東軍によるものと推察されたんですね。

　こうした事実が次々に明らかになり、事件の2ヵ月後には、海外メディアも関東軍によるものである可能性が濃厚と報じるようになります。

保阪　犯人役に仕立てる経緯もひどいもので、阿片（あへん）中毒の人間を3人連れてきて、数日の間ご馳走するんです。しかし、そのうちの一人が、なぜ日本軍が我々をこんなに歓待するのか、おかしいと気づいて脱走し、国民党の側に行って告発するんです。残った二人は事件現場に連れて行かれ、そこで日本の軍人に刺殺された。いかにも爆破犯のように仕立てて、殺してしまうんです。はじめから犯人に仕立て上げようと考えた、どす黒い計画です。

関口　こうした海外の報道もあり、田中首相は真相の公表と責任者を軍法会議にかけ、処分することを決意し、天皇にその旨を上奏しますが、これに対して陸軍が猛反発します。その論理は、「陸軍の非を天下にさらすことは威信に関わる」からというのです。

保阪　陸軍は、「軍がやったということになれば政府も立場が悪くなる」と言って脅した。

本来、田中総理は国として事件を公表し、報告書を書かなければいけなかったのに、陸軍の力を恐れてそれをしませんでした。

関口　田中首相は陸軍を処罰するどころか、報道規制を敷いています。張作霖爆殺事件と言わず、満州某重大事件と報じられるようになる。元老の西園寺公望公や、野党が政府を追及しますが、結局河本大作大佐を厳重処分せず、停職処分で済ませてしまいました。

大阪朝日新聞
夕刊
南軍の便衣隊
張作霖氏の列車を爆破
今朝将に奉天に入らんとして
張氏鼻柱に負傷し氣絶

大阪朝日新聞（昭和3年6月5日付）

保阪　本来ならテロによる暗殺ですから、軍法会議にかけ、死刑に相当してもおかしくないと思います。しかし陸軍参謀本部の中堅幕僚たちが、河本支援に回るんです。私の調べた範囲ですが、河本がその後、東京に戻ったとき、のちの総理大臣の東条英機（とうじょうひでき）が、

「河本さん、よくやった」

と言って、握手している。それが当時の軍人たちの共通理解でした。河本は軍の中ではむしろ、英雄視されるんです。

関口　その後この河本という人はどうなったんですか。

保阪　事件のあと、軍を離れますが、満州で関東軍の意を受けた会社の社長を務めたりして、財政的に関東軍を支えるような役割を果たしています。

張作霖爆殺を首謀した河本大作大佐

35

昭和3（1928）年7月28日

アムステルダム五輪　三段跳び織田が予想外？の金メダル

アムステルダム・オリンピックが開幕。陸上・三段跳びで織田幹雄が日本初の金メダルに輝くが、予想外の結果に国旗・国歌の用意がなかった。

関口　近代オリンピックはアテネで明治29年、1896年にはじめて開催され、日本が参加したのは明治45年の第5回ストックホルム大会からでした。このとき、NHKの大河ドラマの主人公になった金栗四三（かなくりしそう）さんがマラソン競技に出場されています。

大正5年のベルリン・オリンピックは第一次世界大戦のために中止になり、20年後の昭和11年にあらためて開かれ、ヒトラー率いるナチスが国威発揚に利用すること

アムステルダム五輪での日本選手団の入場

になりました。

昭和3年には、オランダのアムステルダムで第9回オリンピックが開催されました。7月28日、真夏の大会で、19競技109種目。2021年の東京オリンピックは33競技339種目でしたから、いまのオリンピックは当時と比べるとかなり枠を広げて、大きくなっているんですね。

このアムステルダム大会ではじめて女性の陸上競技参加が認められ、会場に聖火が灯りました。第一次世界大戦で敗戦国となったドイツもこの大会に出場し、名誉挽回と言いますか、必死で頑張るわけです。

結果的にドイツはアメリカに次ぐ第2位の金メダル11個を獲得しました。よくオリンピックには政治を絡ませてはいけないといいますが、こうして見ると、やはり切っても切り離せないですね。

保阪　政治のもう一つの力を見せるという側面が、オリンピックにはあります。

三段跳びの織田幹雄

関口　この昭和3年の大会では、日本人選手も非常に活躍します。特に陸上・三段跳びの織田幹雄（おだみきお）は日本人初の金メダルを獲得しました。ところがこの織田という選手が勝つとは、誰も予想していなかった。そのため表彰式でも、大会運営本部は国歌である君が代もよくわかっていなかったし、日章旗の用意もなかったというんです。

保阪　スポーツ界ではまだ日本の存在感がなかったんでしょう。日本の陸上競技は欧米から見るとまだ遅れていると思われていましたから。

関口　仕方がないので、織田選手が持っていた、身体を包むための日の丸を掲揚し、国歌の君が代も途中から始まって途中で終わってしまったという記録が残っています。残された写真を見ると、掲揚された日章旗はほかの国の旗に比べると4倍くらい大きいんです。

それから、はじめて開催された女子の陸上競技では

100mの非公認世界記録を持っていた人見絹枝は800mで銀メダル獲得

人見絹枝さんが800メートルで銀メダルを獲得しました。この方が、日本女性初のメダリストということになります。当時、非公認ながら100メートルの世界記録をこの人見絹枝さんが保持していたんですが、残念ながらオリンピック本番では準決勝で敗退してしまった。このままでは日本に帰れない、なんか役に立ちもせんし、と。人見さんはそう思ったんだそうです。

急遽800メートルにも出場し、ここで2位、銀メダルをとって日本女子陸上界の金字塔を打ち立てた。

保阪　すごい話ですね。

関口　水泳では鶴田義行選手が200メートル平泳ぎで金メダルを獲得しました。平泳ぎはこのころから日本のお家芸なんですね。最終的に日本選手団は金メダル2、銀メダル2、銅メダル1で計5つのメダルを獲得します。世界に日本ありという存在感を示すことができたのでしょうか。

保阪　そうですね。

36

憲法9条の原型　ブリアン・ケロッグ条約締結

昭和3（1928）年8月27日

米仏両外相が呼びかけた「パリ不戦条約」に世界各国が調印。「戦争なき世界」を目指した試みだったが、条文の抜け穴があり、実効性は乏しかった。

関口　フランスのブリアン外相とアメリカのケロッグ国務長官が、世界各国に不戦条約の締結を呼びかけました。それを受けて昭和3年8月27日、イギリスや日本、ドイツなど15ヵ国が「パリ不戦条約」に調印し、翌年にはソ連など63ヵ国も加わりました。

今後、戦争をしない世界をつくっていこうということだったんでしょうね。

保阪　志はまさにそこにあったと思います。

パリ不戦条約に批准した各国政府代表と会見するアメリカのクーリッジ大統領（中央左）

関口　このとき日本も、それからドイツも、この条約に参加しています。日本はこれまで見てきたように満州でいろいろな問題を起こしていますし、ドイツ政界にもすでにヒトラー率いるナチ党が登場しています。どちらも「不戦の志」とは縁遠いように思えるのですが。

保阪　このパリ不戦条約は、ブリアン外相とケロッグ国務長官の二人がつくった条約ということで、ブリアン・ケロッグ条約とも言われます。つまり、フランスとアメリカの政界の実力者二人が主導したということなんです。

フランスには、第一次世界大戦でドイツから奪った権益を、この条約によってこの際固定化したいという狙いがありました。

関口　なるほど、これまでの歴史で、フランスはドイツに何度も痛い目に遭ってきました。それを第一次世界大戦で取り返した。この状態を確保したいということですね。

保阪　もちろん、第一次世界大戦の悲惨な戦争経験を通して、戦争はもういいという思いは当然あったと思います。人類史のなかで、あのような悲惨な戦争を二度と繰り返してはいけないという反省があったのでしょう。

　その反省の表れの一つが、このブリアン・ケロッグ条約だったのだと思います。建前としてはまったく正しいことです。だから日本も賛同して、調印しました。


関口　このパリ不戦条約、ブリアン・ケロッグ条約の内容を見てみますと、国際紛争解決のため、かつ国策遂行の手段としての戦争は放棄する、という文章がある。

　あらゆる国家間の紛争は平和的手段のみで解決していくことを各国で決めましょうと。素晴らしいことを言っているんです。

　戦後制定された日本国憲法の第九条はこのパリ不戦条約の一節を範としているのでしょうか。日本国憲法第九条ではこうなっています。

「国権の発動たる戦争と武力による威嚇、又は武力の行使は国際紛争を解決する手段としては永久にこれを放棄する」

　パリ不戦条約の文章に似ていますね。

保阪　はい。パリ不戦条約の精神を取り入れたのだと思います。もちろ

フランス外相ブリアン(左)、アメリカ国務長官ケロッグ

んパリ不戦条約だけではありませんが、現在の日本国憲法がこれを下敷きにしていることは間違いないと思います。

関口　せっかく戦争放棄の理念を謳ったものの、ご存じの通り、その後の世界はこの条約の通りにはなりませんでした。パリ不戦条約では、国際連盟の制裁として行われる戦争や、自衛戦争はその対象から除外するとされています。

この「自衛」という言葉が問題で、いまだに国際的にも何をもって自衛といい、どこまでを自衛の範囲とするかは議論百出です。

保阪　あらゆる戦争は自衛戦争の名のもとに始まるとも言われるくらいですから、自衛の範囲は明確に定義されていません。

「自衛戦争」を名乗れば、あらゆる戦争がこの条約の範囲から外れるということになるのかもしれない。

関口　そうなんでしょうね。しかも、このパリ不戦条約では違反に対する制裁も定められていません。提唱している内容は立派だけれども、各国が実効性を持ってこれを守るということにはならなかった。

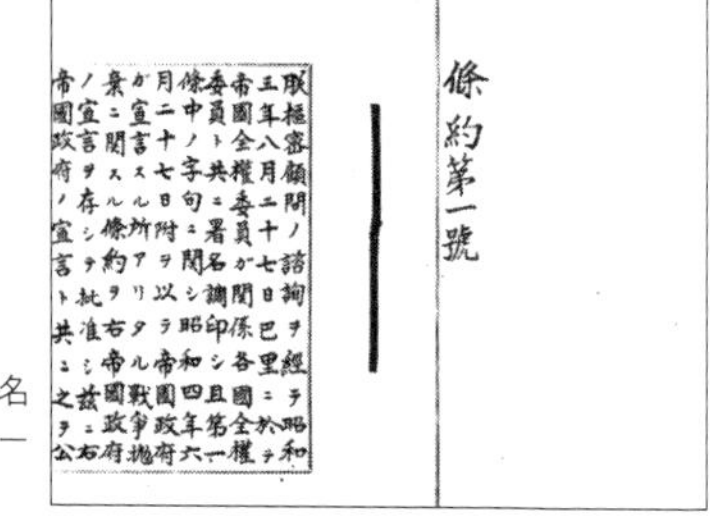

條約第一號

朕樞密顧問ノ諮詢ヲ經テ昭和三年八月二十七日巴里ニ於テ帝國全權委員ガ關係各國全權委員ト共ニ署名調印シ且第一條中ノ字句ニ關シ昭和四年六月二十七日附ヲ以テ帝國政府ガ宣言スル所アリタル戰爭抛棄ニ關スル條約ヲ右帝國政府ノ宣言ヲ存シテ批准シ茲ニ右帝國政府ノ宣言ト共ニ之ヲ公

パリ不戦条約についての御署名原本（アジア歴史資料センター公開。国立公文書館蔵）

保阪　この時点で第一次世界大戦が終わってちょうど10年が経っていますが、世界中でまた戦火の気配が濃くなってくるなかで、フランスとアメリカ両国の指導者がそこにくさびを打ち込もうとした。

関口　戦争への気運を感じ取っているからこそ、この不戦条約をつくったんですね。しかし、実際にはこのさらに約10年後に第二次世界大戦が始まってしまいます。

37

異能の将校・石原莞爾の世界最終戦争論と「一夕会」

昭和4（1929）年5月19日

陸軍の改革派中堅将校が「一夕会」を結成。石原莞爾は日本とアメリカが将来、「最終戦争」を戦うという、独自の構想を説いた。

関口　張作霖爆殺事件のあと、満州の実権を握った張学良は、蔣介石率いる国民党の支配下に入り、中国が統一されます。

昭和4年5月19日、永田鉄山大佐、板垣征四郎大佐、東条英機大佐、石原莞爾中佐ら陸軍の改革派中堅将校が集まり、一夕会を結成します。その下の岡村寧次、土肥原賢二、山下奉文らも参加している。加えて、張作霖爆殺事件首謀者の河本大

石原莞爾

作まで名前を連ねています。

保阪 明治の建軍以来、陸海軍は長州、薩摩の藩閥によって動いてきました。山縣有朋などがその主導者です。これに対して陸軍の改革派は、第一次世界大戦のあと、多くがドイツ留学を経験しています。もともと日本の軍隊はドイツ、プロシアを模倣して作ってきたものですから、あれだけの軍事力を持っていたドイツが第一次大戦でなぜ負けたのか、ベルリンでそういう研究をするんです。

たとえばドイツ軍が前線で懸命に戦っているのに、ドイツ国民が軍を支援せず、後方で革命だ、反政府運動だと言って戦争に協力しなかったことに問題があったとする。東条英機などはこの考え方です。そこから、国を総力戦の体制に変えていかなければいけない、前線で戦う軍を国全体で支える体制に変えていかなければいけないという発想につながっていく。

もうひとつ、薩摩・長州などの藩閥出身者だけが出世していくことに対する反感もありました。永田鉄山は長野出身ですし、岡村寧次も東京の人です。彼ら改革派将校が東京・渋谷の二葉亭という店に集まって会合を持ったので、「二葉会」とも言われました。

関口　その二葉会が発展して一夕会になったんですね。

保阪　彼ら一夕会はまず、人事の刷新を求めます。藩閥中心の人事を廃することを求めたんですね。そして二つ目に、満蒙問題の総合的な解決を求めた。満州を中国と切り離して独立させよと。それを自分たち改革派が中心になってやる、ということですね。だからその意味でも河本大作はよくやったということになるわけです。

三つ目に、陸軍の指導者として、荒木貞夫（あらきさだお）中将、真崎甚三郎（まさきじんざぶろう）中将、それから林銑十郎（はやしせんじゅうろう）中将といった人たちを担ぎ、我々はそれを支えていこうと決する。

関口　なかでも一夕会メンバーの一人の石原莞爾は、この年7月に満蒙問題解決案を示します。「満蒙問題の解決は日本の活くる唯一の途なり」としています。

少し前までは日本は主権線を守ったうえで、利益線をなんとか安定させないと安心できないという考え方でしたが、そこから一気に「活くる唯一

板垣征四郎

の途」になってしまった。

保阪 石原莞爾は満州を利益線と捉える考えとは少し違うんです。石原はある一つの信念を持っていまして、人類は最終的に東洋文明の代表である日本と、西洋文明の代表であるアメリカが戦争をし、その戦いの勝者が決して、その後人類は戦争のない平和な時代をつくるという「世界最終戦争論」です。

関口 石原が提示したこの考えを、軍部は支持したんですね。

より細かく見ていくと、東洋の覇者日本と、西洋の覇者アメリカによる最終戦争は完全な殲滅戦で、一挙に決戦に持っていくようなものになるだろうと予測しています。その開戦時期は、日本が東洋文明の中心的地位に立ち、アメリカが西洋文明の中心に立ち、航空機の無着陸世界一周が可能になるときに起こると。つまり、飛行機中心の戦争を予想しているわけです。

最終戦争に勝ち、東西両文明の統一と恒久平和を実現して人類を救済するのが日本の使命なのである、としています。

保阪　石原は昭和の陸軍では珍しい理論家と言っていいと思います。現に戦後、論文、講話などをまとめた8巻の著作集が出ている。旧軍人で著作集が出ているのは彼だけです。

　軍のなかでも石原を尊敬し、私淑する軍人は多かったのですが、東条英機とは考えが合わず、口も利かない関係でした。石原は戦後、東京裁判に証人として出廷した際、検事団に「あなたは東条と思想的対立があったようだが」と問われて、「そんなものはない」と否定しています。なぜなら自分には思想があるが、あいつにはないじゃないか、と。

関口　満州について石原は、「歴史的関係等により観察するも満蒙は漢民族よりもむしろ日本民族に属すべきものなり」と言っています。

保阪　満州は漢民族にとってさほど重要な土地ではない一方、日本は満州を開拓し、開発していくべきであると主張しています。そして、世界最終戦争になれば、満州を日本の兵站とし、その資源を使うという。つまり石

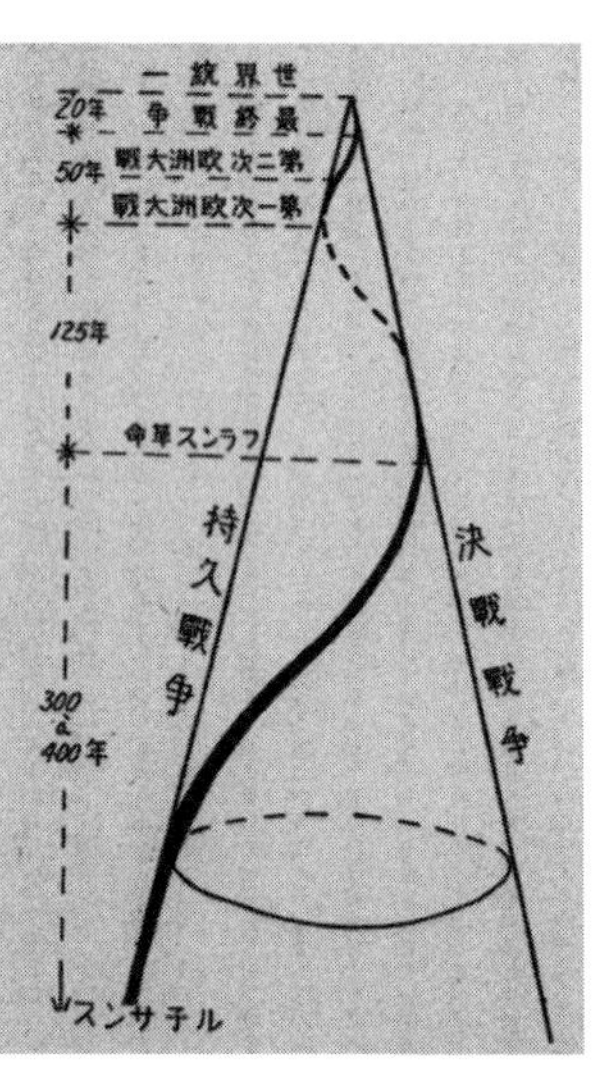

石原の著書『戦争史大観』中に掲載された図版

原にとって満州事変は、世界最終戦争へ向けた第一段階だったんです。

関口 満蒙問題の解決は、「日本が同地方を領有することによりてはじめて完全に達せらる」「謀略により機会を作製し軍部主導となり国家を強引すること」と言っている。

保阪 そうですね。ただ石原は満州を中国から切り離し、様々な民族が住む土地にすべきであって、日本はそこで特権的な地位を占めるのではなく、関東軍が支配するなんてことはとんでもないとも主張しています。東亜連盟という組織をつくり、中国と日本が話し合い、協力しながら文明をつくろうと、一見矛盾したことを言っているんです。

関口 ただその大元には例の「世界最終戦争論」の考え方があるんでしょうね。

保阪 中国の文明と日本を融和させ、「東洋文明」と称して、それをもって西洋文明と戦おうという思想を持っていたのです。

38

「話が違う」天皇に叱責された田中義一首相辞任直後の死

昭和4（1929）年7月2日

田中義一内閣が総辞職。張作霖爆殺の首謀者・河本大作に厳罰を科さなかったことが天皇の怒りを招いた。しかし天皇はこの後、内閣の任免に踏み込むことを自制するようになる。

関口　張作霖爆殺事件の1年後の昭和4年6月27日、田中義一首相は首謀者・河本大作大佐を停職処分にすると天皇に上奏します。当初、「軍法会議にかけ、厳しい処分をする」としていた田中総理の豹変に、天皇は「前と話が違うではないか。辞表を出してはどうか」と厳しく叱責しました。

保阪　田中首相は天皇の叱責に対して弁明しようとしたんです。それを天皇は「弁明は聞きたくな

田中義一首相

い」と言って部屋をあとにした。天皇とすれば、田中首相の説明は虚偽であって、そのような虚偽の説明をするのは自分を愚弄しているからだと感じたのではないでしょうか。

同時にこのとき、政治システムとして、天皇が言えば内閣を交代させることができるということになりかかった。実際には天皇の任免権は間接的なもので、元老を挟むとか、天皇自身は直接言及しないというルールに行きつくのですが、このときはかなり直接的な言葉で叱責しています。

関口 結果、田中義一首相は上奏の5日後に辞表を提出、内閣は総辞職しました。さらにその約3ヵ月後、狭心症で亡くなってしまったのですね。天皇に叱責されたことが相当なショックだったのでしょう。

天皇ご自身も、周囲から発言の影響力を指摘され、これ以降、考えを改めるようになりました。つまり、内閣の上奏するところのものはたとえ自分がそれに対して強い反対の意見を持っていたとしても裁可を与えることに決心した、と。「君臨すれども統治せず」という形にこのころから変わっていったということを、戦後、昭和21年に回顧されています。

保阪　天皇親政という、直接統治の形は、当然責任を伴います。政治や軍事について天皇自身が命令し、その結果責任を問われることになれば、天皇制そのものを崩すことにもなりかねない。

天皇は臣下を信頼し、臣下の言ってきたことに対して判を押すというのが立憲君主制の昭和天皇の立場でした。しかし、この関係は天皇と臣下の間に信頼関係や了解がある場合には成り立ちますが、この後、戦争へ至る過程で、臣下の嘘や本当のことを言わないごまかし、といった事態が次々に発生しました。

関口　そうなりますね。

保阪　「君臨すれども統治せず」という天皇の姿は、責任を誰がとるのかという問題を曖昧にします。天皇が直接差配しないことをいいことに軍が天皇の名を利用して戦争を進めたのです。私たちはこの問題について、深

馬上の天皇

く吟味する必要があると思っています。

関口 陸軍の中堅将校らが、ここまでの一連の事態を見て、宮中の天皇の周辺にいる者による陰謀であって、彼らが天皇にしっかりした進言をしないことが問題だと考えるようになるんですね。西園寺公望や牧野伸顕らの側近を、「君側の奸」と敵視するようになっていきます。

保阪 天皇に対して、都合のいいことばかりを言って助言・進言をしない、いいように利用している側近連中は、君側の奸だと。

しかし西園寺や牧野は、天皇からみれば自分にもっとも忠誠を誓い、的確な助言をする「股肱(ここう)の臣」、つまりもっとも信頼できる臣下なんです。まったく真逆の見方をしている。このような対立が、このあとずっと続いていくことになります。

関口 君側の奸か、股肱の臣かという対立が、この後いろいろなもめごとが起こった際にどこに解決の糸口があり、責任があるのか見えなくなってしまう原因になるのですね。

39

昭和5（1930）年1月11日

浜口雄幸の大誤算　金本位制復帰がもたらした昭和恐慌

金本位制に復帰。前年のアメリカの株価大暴落を受け、日本にも景気悪化の波が押し寄せるが、首相・蔵相は机上の経済理論で対処しようとし、さらに事態を悪化させる。

関口　第一次世界大戦後、アメリカは好況を謳歌していました。125億円を超える債権を持つ世界最大の債権国になり、フーバー大統領は「どこの家にも鍋に2羽のチキンがあり、ガレージには2台の車がある、それが当たり前の生活水準になる」と言ったほどです。ニューヨークには次々に超高層ビルが建ち、庶民が株式投資に狂奔しました。

ところが、購買力（需要）以上に過剰生産（供給）して

大暴落後、ニューヨーク証券取引所に詰めかける投資家たち

しまうと株価は下落します。さらに各国の保護貿易によって輸出も不振になった。

そして1929（昭和4）年10月24日、株価が大暴落しました。暗黒の木曜日に続いて、悲劇の火曜日と呼ばれる大暴落が起こります。この株式市場の大変調が、世界経済に巨大な影響を与えます。

まずアメリカでは1283万人が職を失ったと言われています。1セントも持たない人たちがバラック建ての村をつくって集まり、失業者のデモが頻発し、食糧配給に長い列ができました。

保阪　第一次世界大戦後の大量生産、大量消費の時代になり、そこで経済が破綻した。当時、日本はまだこの大衆社会の時代には至っていませんが、生糸の輸出はその7～8割がアメリカ向けなど日本経済がアメリカに依存している面があったんです。

関口　日本産の生糸は質が良く、アメリカに輸出されてドレスに仕立てられたり、ストッキングとして使われていたそうです。

保阪　ところが大暴落でアメリカの消費が急減してしまい、日本の養蚕業が壊滅的な打撃を受けてしまいました。

関口　経済危機に直面した日本政府は、金輸出を解禁し、金本位制に回帰するのですね。

金本位制は19世紀の初頭にイギリスで始まり、日本でも明治30年、日清戦争勝利で得た巨額の賠償金をもとに実質的に金本位制に移行しましたが、第一次世界大戦が始まると各国は金本位制を離脱していました。

私は経済に疎いのでこの「金本位制」の影響について理解するのがなかなか難しいんですが、国が保有する金の量と発行する紙幣の額を見合うようにして、金を国が発行するお金の価値の基準とすると。金は性質がきわめて安定した元素で、地球上の埋蔵量もハッキリしているからというのですが。実際、いまでも中国の人はいざというときのために金製品をかなり持っていると言いますね。

保阪　やはり金が一番信頼できるということかもしれません。

関口　昭和のはじめには、すでに世界の多くの国が金本位制に復帰していましたが、日本では関東大震災があり、その後の金融恐慌も追い打ちをか

アメリカのフーバー大統領（中央）

けて政府の金保有量が不足するなど、金本位制復帰に出遅れていました。

大蔵省出身の浜口雄幸（はまぐちおさち）首相と、日銀総裁も務めた井上準之助（いのうえじゅんのすけ）蔵相は満を持して金本位制への復帰を決断しました。彼らの想定では、金本位制に復帰することによって貨幣の流通量が減り、これによって国民の給料が減るとモノを買わなくなり、物価が下がる。そうなると、輸出物の値段も下がるので対外収支が改善し、やがて金も戻ってくると考えたようですね。しかし、そのタイミングがいかにも悪かった。

保阪　浜口首相も大蔵官僚出身ですから、頭で考えた経済理論であって、それを現実の日本に当てはめようとしたんです。

関口　現実にはどうなったか。金本位制になってわずか2ヵ月でアメリカの思惑買いによる円買いドル売りが起

パンの配給を受ける生活困窮者の列

きるなど、1億5000万円分もの金が国外に流出し、日本はさらなる景気悪化に陥りました。このとき、浜口首相も井上蔵相も景気悪化は一時的なもので想定内だと考えたそうです。ところがニューヨーク・ウォール街で株価の大暴落が起こり、日本の金本位制復帰は最悪のタイミングということになってしまった。皮肉な話です。

保阪　理論が先走ってしまったんでしょうね。

関口　これによって日本は不況になり、昭和5年当時、6500万人の総人口のうち250万人が職を失いました。日本の主力産業である生糸と綿織物の輸出が4~5割減った。農業にも影響が出ました。昭和2年当時、一石当たり35円だったコメの値段が、昭和5年には半額になってしまう。農家は一戸当たり827円もの借金を背負うことになりました。となるとどうなるか。農家の娘が売られていくという現象が起きてきます。

保阪　前金をもらって苦界に身を沈める、つまり遊女になったり、東京など都市部の中産階級の家庭に女中さんとして奉公に出たり。そのくらい農家は現金がなく、生活苦だったんですね。

金本位制復帰を断行した
井上準之助蔵相

ちょうどこのころ、収量拡大のため、農機具や農薬を借金して買う農家も増えていましたが、これだけ不況になると農作物の価格が下がってその借金が返せない。税金さえ払えないから、食事をせずに税金を払ったと。農家の人たちは本当に真面目で、借金をしたくない、早く借金を返したいということで働くのですが、そのためにかなり苦しい生活を強いられました。これがのちに五・一五事件とか、二・二六事件の伏線になります。もちろんテロやクーデタを肯定するわけではありませんが、青年将校らが決起しようと考えたのは、このころの農村の困窮に理由があったんです。

40

鳩山一郎が大批判した対英米「軍艦保有率7割」の制限

昭和5（1930）年1月21日

ロンドンで海軍軍縮会議開催。政府は対英米比の軍艦保有トン数制限に同意するが、国会で野党が「統帥権干犯」と激しい批判を浴びせる。

関口　昭和5年1月21日、アメリカ、イギリス、日本、フランス、イタリアの5ヵ国がロンドンに集まり、海軍の軍縮について話し合いが持たれました。第一次世界大戦が終わったあと、ワシントンで海軍軍縮会議が行われましたが、あのときは戦艦級の大きな船（主力艦）の保有量を決めようということでした。アメリカ、イギリスが10に対して日本が6という保有割合が決まり、日本もそれをのんだんですね。

ロンドン海軍軍縮会議に参加した米、英、仏、伊、日の5ヵ国の全権

保阪　はい。ワシントンでは主力艦の保有量比率が決まりましたが、補助艦については話がつかず、延び延びになっていました。

関口　ロンドン軍縮会議には浜口首相の命を受けて若槻礼次郎元首相が首席全権として出席しました。この交渉に臨む日本政府の方針は、アメリカ10、イギリス10に対して日本はほぼ7で話をまとめたらどうかと。これが議会派の考えでした。その根底には、前章で見たように日本の経済の行き詰まりがありました。いま建艦競争にのめりこめば日本の財政は破綻する、軍縮によって経済の安定を図るしかない、という考え方です。

　ところが海軍の軍令部は補助艦の保有量も、アメリカ、イギリスが10なら日本も絶対に7を保持しなければいけないと強く主張します。その中心になったのが海軍軍令部長だった加藤寛治（かとうひろはる）、そして元（もと）元帥の東郷平八郎（とうごうへいはちろう）でした。日露戦争の英雄ですが、まだ影響力があったのですね。

保阪　東郷は海軍のなかで神さま扱いされた、雲の上の存在でした。加藤寛治が東郷のもとへ行って「どんなことがあっても対英米で7割なければ、国防上の責任を果たすことができない」と主張し、東郷もそれを了承したんです。

関口　加藤率いる海軍軍令部は国防三原則として、1万トンクラスの巡洋艦は対英米7割、潜水艦も7万7900総トン、そのほかの補助艦も約7割をキープせよと主張しました。

実際の条約では巡洋艦の対米比率で6割9分7厘となった。ほとんど7割ですが、それでも海軍は納得できない。

保阪　もちろん数字自体への不満もあるでしょうが、もっと大きいのは政治に対して軍が影響力を及ぼすという思惑が背景にあったと思います。軍の要求を認めさせ、政治に対する軍の優位を誇示するという意図があったように思います。

関口　政治の側としては、英米と同水準の保有量になったら財政が破綻する可能性があることは十分承知していたのでしょうね。

保阪　浜口首相や若槻全権はもちろん承知していますし、実は天皇も、日本がアメリカと同等の保有量を主張することに疑問を口にしています。

関口　ところがこの一件を野党が帝国議会で取り上げ、「統帥権干犯」という問題につながってしまいます。

第58衆議院議会で幣原喜重郎外相がロンドン海軍軍縮条約の調印を報告すると、野党の立憲政友会は、軍令部の反対を押し切って調印したのは統帥権の干犯だ、と詰め寄りました。統帥権というのは、大元帥である天皇だけが持つ権利で、参謀総長、軍令部長がそれを輔弼(ほひつ)して行使される。政府や議会がこれに関与することは許されない、と。

戦後の政界でも活躍した政友会の鳩山一郎(はとやまいちろう)が、「政府が軍令部の国防計画を無視して条約に調印したのは統帥権輔弼を侵す」と主張します。のちの首相の犬養毅も、この比率では国民は安心できない、と批判しました。

保阪　彼らは演説の名人ですから、政府民政党は軍令部の権限を侵し、天皇の大権を侵していると質問したんですね。

関口　幣原外相は、「外交上の見地から、また国防上の基礎たるべき兵力、財政経済の能力、あらゆる利害得失を研究した結果、このたびの協定に参加することが帝国の断然得策なり」と主張しています。

保阪　犬養、鳩山の二人が統帥権干犯という言葉を表舞台に出し、それを軍が、自分たちに異議を申し立てる人や勢力に対する恫喝に使うようにな

軍縮条約に反対する艦隊派の代表格・加藤寛治大将

ります。この言葉は明治以降、軍内部の勉強会などでは使われていましたが、市民的な政治用語としてはそれまで認知されていませんでした。それがこれ以降、一般的に使われるようになったのです。犬養さんはその後、五・一五事件で殺されますし、鳩山さんも昭和10年代には軍と一線を画し、議会のなかでもどちらかといえば反軍的な立場をとるようになりますが、このときの二人の質問は歴史的に問題であったと言っていいと思います。

関口　天皇は、このロンドン軍縮条約をどう見ておられたんでしょうか。

保阪　天皇は条約に異議申し立てすることなく、納得しています。つまり統帥権干犯といいますが、天皇の大権を侵しているか否かは天皇の意思とは関係ないわけです。

軍は、天皇の大権を付与されているのは我々だから、我々に対して異議申し立てするのは何ごとかというような形に、徐々に独善的になっていきます。

関口　この後、戦争の時代になると、この統帥権干犯の問題がしばしば起こってきますね。

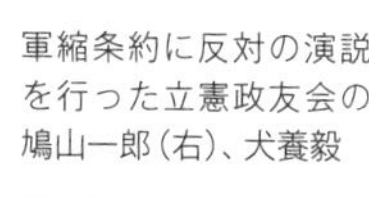

軍縮条約に反対の演説を行った立憲政友会の鳩山一郎(右)、犬養毅

41

昭和5（1930）年11月14日

東京駅で現職総理が撃たれ重傷 佐郷屋留雄の凶弾

浜口雄幸首相が陸軍の演習視察に向かう途中、東京駅のプラットフォームで狙撃される。浜口は直後、「男子の本懐」とつぶやいた。

関口　昭和5年11月14日、浜口雄幸首相が東京駅のプラットフォームで狙撃されます。

岡山での陸軍演習視察に向かうため、東京駅9時発の特急つばめに乗ろうとしたところを狙われました。

犯人は政治結社・愛国社社員の佐郷屋留雄（さごうやとめお）。撃たれたとき、浜口首相は「男子の本懐」と言ったそうですね。これはどういう意味で

東京駅で襲撃された浜口雄幸首相

しょう。

保阪　当時外相を務めていた幣原喜重郎は、浜口の旧制高等中学以来の親友でした。浜口が狙撃されたと聞いてすぐ駆けつけた幣原に、「男子の本懐だよ」とつぶやいたというんです。おそらく、このようなテロには遭っても、これまで政治家として自分の信念は貫いてきた、男として悔いるところはないと言いたかったんでしょう。

関口　浜口首相は一命をとりとめますが、このあと、翌昭和6年4月に辞任しますね。

保阪　犬養や、鳩山一郎の質問にさらされるなど、心労も重なっていました。私はこれ以上首相としての務めはできない、と言って辞任しそのまま自宅療養に入るんですが、8月に亡くなりました。

浜口は現在の高知市の出身で、生家はそれほど豊かではありませんでした。私は彼が中学時代を過ごした家を見学したことがありますが、非常に粗末な家で、勉強部屋もそれほどの広さではありませんでした。そこから3～4キロ離れた旧制中学に通っていた。日本の社会で農村出身者が栄達を極めるには、相当な秀才で、能力の高い人たちだったということが言えると思います。そういう人たちが東京に出てきて指導者への道を歩むのですが、その原点にはやはりそれぞれの故郷があったと私は思います。浜口の故郷の高知は自由民権運動が盛んな土地柄でもありましたから。

関口　そうですね、自由民権運動はあのへんから起こってきたんでしたね。

保阪　そういう故郷への意識がある政治家は、人間的な側面を持っていると思います。浜口の「男子の本懐」も、高知の貧しい農村から始まる自らの人生を回想して出た言葉ではないかと私は解釈しているんです。

関口　犯人の佐郷屋留雄ですが、3年後の昭和8年に死刑判決がくだっています。裁判にはかなり時間がかかったんですね。昭和9年には恩赦によって無期懲役に減刑され、昭和15年に仮出獄しています。

その後政治結社をつくるなどして活動し、亡くなったのは事件

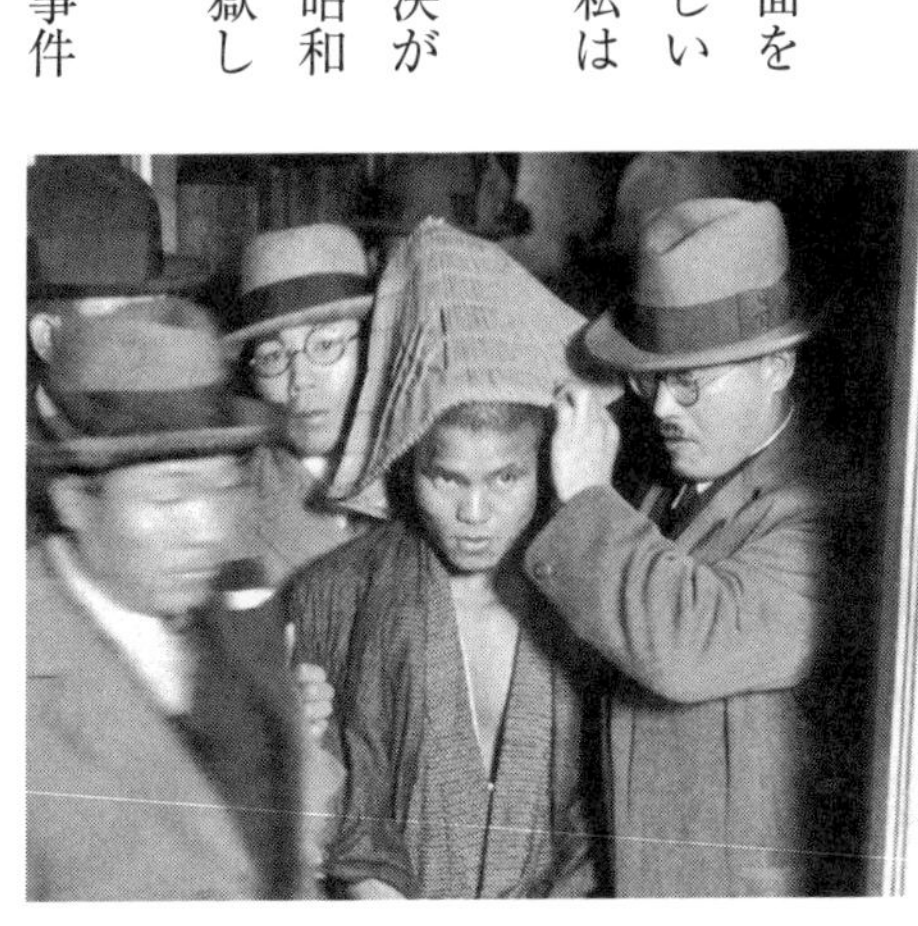

実行犯の佐郷屋留雄

から40年以上が経った昭和47年でした。

保阪　佐郷屋の裁判でも、事件の背景に何があるかということがあまり明確にされていません。たとえば佐郷屋は、ロンドン海軍軍縮条約は海軍の統帥権を侵した、とんでもないと主張しています。

関口　やはりその問題は大きかったんですね。

保阪　昭和のテロの特徴は、統帥権干犯とか、軍事政権樹立とか、政党政治の堕落など、言葉そのものは過激なんですが、具体的な中身がはっきりしない、十分説明されていないということが多いんです。しかしテロの決行者たちは、その言葉自体を行動のバネにしている。

関口　言ってみれば、感覚だけで動いてしまうということですね。

保阪　それが昭和初期のテロの怖さだと思います。

事件後、療養中に議会に登院した浜口首相

42

松岡洋右の帝国議会「満蒙は日本の生命線」発言の波紋

昭和6(1931)年1月23日

松岡洋右議員が衆議院本会議で演説、満州の重要性を強調した。これに世論が呼応し、軍部はその後押しを受けて本格的に満州進出計画を練りはじめる。

関口 このころ、日本の政界では国際協調外交を重視する勢力と、強硬外交を主張する勢力の対立がありました。

協調を重視する人たちは、山東半島の権利の中国への返還、ロンドン軍縮条約、中国の関税自主権承認などを主張します。

保阪 協調派の幣原喜重郎外相は、国際社会の動きに即応し、中国に対しても武力を使わず平等・

外交官から議員に転じた松岡洋右

互恵の精神で対していこうという基本方針を持っていたと思います。

関口　一方、田中義一前首相を中心とする強硬外交派は、昭和2年に第一次山東出兵を行い、東方会議で満蒙政策を協議し、さらに第二次、第三次の山東出兵を行うなかで、張作霖爆殺事件が起こりました。

保阪　強硬外交派は、立憲政友会のなかの軍人出身議員、司法出身議員が中心です。民政党よりも政友会のほうが軍部に近く、強硬外交に傾きがちだったと言えると思います。

関口　昭和6年1月23日、衆議院本会議で松岡洋右が演説し、幣原外交を「弱腰である」と言って批判します。満蒙問題は我が国の存亡に関わる問題であり、我が国の生命線と考えている、と。

保阪　松岡の考えによると、日本の対満州政策は中国の国家意識の高まりに比例して弱まってしまう。だから中国の国権回復の動きを超えるだけの強い外交政策を打ち出すべし、というのです。

関口　松岡洋右という人は外交官出身で、上海領事、関東都督府、中華民国総領事を歴任しています。大正8年のパリ講和会議では日本代表団の一

松岡の言動は常に波紋を呼んだ（左）、爆弾発言が飛び出した衆議院の議場

人として参加、南満州鉄道の副社長にもなりました。

この前年の昭和5年に国会議員になり、昭和8年には日本政府の全権として国際連盟を脱退、昭和15年の日独伊三国同盟締結にも出席しています。

ただ、この松岡と、国民・軍部には捉え方の違いがあったんですね。松岡は満蒙を支援して経済的に発展させることが日本の安泰につながる、と。「満蒙は日本の生命線」という言葉はあくまで経済政策の側面の話で、満州を日本の好きなようにしていいという趣旨ではなかった。

保阪 松岡自身の考え方は満州を経済的に発展させるために、日本が支援し、満州と日本で友好的な関係をつくっていこうというもので、日本の軍部が満州に入ってその資源を収奪するというような考えとは一線を画しています。

関口 ところが、この「満蒙は日本の生命線」という言葉が一種の流行語のようになって、国民が満州進出計画を積極的に支持するようになるんですね。日本の国民とすれば、かつて日清戦争に勝利して朝鮮半島を植民地化していますので、次は満州だという気持ちがあったのかもしれません。

保阪　かつて明治時代に、山縣有朋が朝鮮半島について「日本の利益線」と言い、その後昭和に入ってさらにこの利益線が延びた。国民の間で、満蒙を失うと日本の存亡に関わるのだというくらい、思い入れが高まってしまったんです。

関口　軍部は、その世論の盛り上がりを好機と捉えたんですね。満州への進出について、国民が軍部の考えについてきたぞ、と。ここから軍事力を行使した満州独立計画の立案が始まるわけです。しかし、いま考えると、それは土足で人の家の中に入っていくということなんですが。

保阪　私はこのころ、日本の軍部や世論は完全に迷路の中に入ってしまったと思います。学者のなかにも、日本は狭い国土に6500万人がひしめき合って住んでいるけれども、中国はあれだけの広さのところに4億人がいるだけだ、それぞれの民族には生存圏があるから、日本が人口に見合った生存圏を広げる権利があるという理屈も出てきます。

日本が満州に入っていくことを正当化する論理をひねり出したんです。

43

日本軍スパイ惨殺事件を利用した謀略・柳条湖爆破事件

昭和6（1931）年9月18日

奉天近くの柳条湖で満鉄の線路が爆破される事件が発生。実行したのは関東軍の将校だったが、関東軍はこれを張学良軍の犯行と主張し、一挙に満州全域に進軍した。

関口　昭和6年、長春近郊の万宝山という場所で、事件が発生します。日本の指導でこの地に入植した朝鮮人が、地元の中国人と土地をめぐって衝突。日本の警察が介入して騒動はいったん収束するかに思えましたが、朝鮮の新聞が「朝鮮人が多数死亡」と報道したことで大きな事件に発展してしまいます。

保阪　この記事の底流には朝鮮の人たちが抱いていた反日的な感情があるんだと思うんです。そもそもの衝突の

柳条湖事件の現場

原因を作ったのは日本人なんだと。

関口　日本人によって入植を強いられていること自体、朝鮮の人たちはよしとしていなかったのでしょうか。

保阪　その気持ちを今度は中国の人たちにぶつけていくということだったのではないかと思います。

関口　しかしこの報道を受けて朝鮮各地で中国人が襲われ、およそ100人の中国人が殺害されたと言われています。一方関東軍の板垣征四郎参謀と石原莞爾作戦参謀は、この混乱状態を見てある計画を立案するんですね。

保阪　二人は満鉄の線路を爆破しようという計画を立て、内々に話し合っています。高級参謀、作戦参謀クラスであれば兵士を自由に動かせますから、満州に日本の軍隊を進めるための突破口をつくろうと考えたのでしょう。決行の予定は9月下旬でした。

関口　ときを同じくして、満州で日本陸軍の大尉が無惨に殺される事件が発生します。6月27日、満州北部で秘密裏に調査活動を行っていた中村震太郎(なかむらしんたろう)大尉と、その部下1名が張学良軍に拘束され、殺害されて遺体を焼却

中国側の犯行の証拠という枕木

されました。

保阪 この中村大尉は関東軍の軍人ではなく、参謀本部の作戦参謀の肩書で満州に入り、現地の人と同じような服装で動き回って情報収集活動にあたっていました。それが張学良軍に「お前、日本の軍人だろう」と見破られ、拘束されたのです。

関口 中村大尉が拘束されたことがわかると、関東軍はこれを満蒙問題の絶好機ととらえ、実力をもってこれを調査すべきと主張します。一方陸軍の幹部は「外交交渉を優先すべき」と、はやる関東軍を制止した。

そこで関東軍は新聞にこの事件を大々的に発表したのですが、その内容がすごいですね。中村大尉は耳を裂かれ、鼻をそがれ、手足を切断されたと。中村大尉がスパイ活動中だったことにはいっさい触れずに、事件の残虐さ、暴戻さを強調し、日本国内で満州での軍事行動への支持が広がることを企図したんですね。

保阪 新聞では「所有品全部を略奪」と書いています。この見出し自体関東軍の指示だったのかどうかはわかりませんが、これを読んだ日本の読者はやはりカッとなるでしょう。

関口　世論が満州での軍事行動を支持するようになることは、関東軍にとって都合が良かったのでしょうね。この中村大尉事件公表の1ヵ月後、立憲政友会の森恪という人が、「満蒙問題は外交で解決できない以上、軍事行動やむなし」と主張するようになります。

保阪　森ら政友会は軍部強硬派と意見が近く、その意見が世論のなかで徐々に主流になっていくんです。

関口　一方昭和天皇と、元老・西園寺公望ら宮中グループは軍事行動へと突き進む陸軍の動きを憂慮していたんですね。天皇は6月、南次郎（みなみじろう）陸軍大臣に軍の引き締めを命じています。にもかかわらず9月、関東軍が密かに軍事行動を計画しているという情報が外務省を通じて西園寺のもとにもたらされたと。

保阪　西園寺からの報告を受けた天皇は、9月11日再び南陸相を呼び出し、関東軍の動きについて釘を刺し、さらに厳なる軍紀の粛正に努めよと申し渡しました。

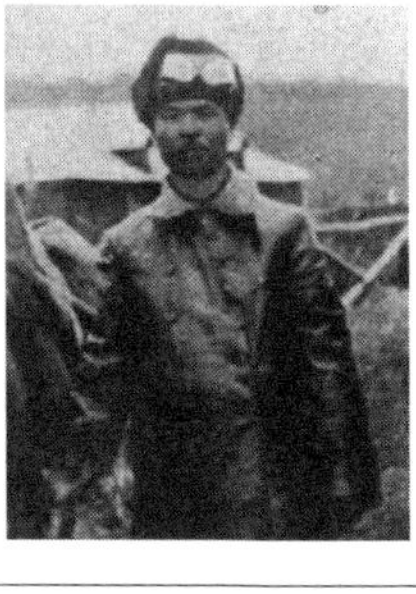

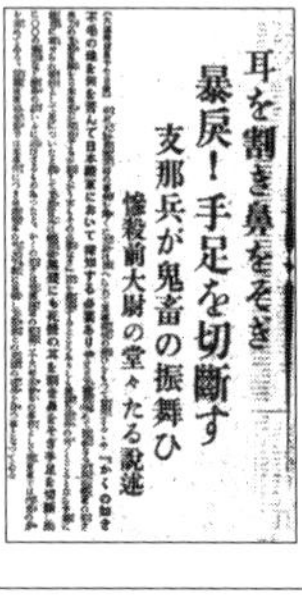
耳を割き鼻をそぎ
暴戻！手足を切断す
支那兵が鬼畜の振舞ひ
惨殺前大尉の堂々たる説述

満州で活動中に惨殺された中村震太郎大尉と、事件を報じる新聞

関口　そこで建川美次参謀本部第一部長を奉天に派遣し、よく調べようということになった。ところがその同じ日に、秘密結社・桜会の橋本欣五郎が関東軍宛に暗号電報を打ち、「こと暴かれたり」つまり、計画が露見したのでただちに決行すべしと促しているのです。それによって板垣、石原は計画の決行日を18日に繰り上げた。「早くやってしまおう」ということでしょうね。建川参謀は奉天に到着しますが、板垣大佐が料亭で接待して足止めし、その間にかねてからの計画を実行に移します。

9月18日午後10時20分ごろ、奉天近くの柳条湖で関東軍の兵士数名が満鉄の線路を爆破。関東軍はこれを中国軍による攻撃だと発表し、奉天など主要都市への攻撃命令を出しました。

保阪　実際には関東軍の犯行なのに、張学良軍の犯行だとして出兵し、主要地点を押さえて満州全域に入っていく。こういうやり方を見ていると、やはり関東軍が孤立して独走したわけではなく、ある程度、軍の中枢も関わっているように見えます。

満洲支那官憲のため
我現役大尉惨殺さる
同行の日露蒙人三名も
本日記事解禁―當局の發表
所有品全部を略奪
無殘な銃殺を行ふ
證據消滅を圖つて
死體を山地で燒く
陸軍の主張通る
戰時でも
なし難き暴虐

中村大尉事件の発生を伝える東京朝日新聞夕刊（昭和６年8月18日付）

いまわかっている範囲で言えば、視察に来た建川参謀も薄々計画に気づいていました。

関口　関東軍は張学良軍の兵営である北大営、さらに司令部のあった奉天城を奇襲攻撃して一夜にして占領し、翌19日には主要都市を次々制圧してしまうんですね。

保阪　柳条湖を爆破したとき、すでに関東軍は部隊を待機させていたといいます。ふつう大規模な軍事行動を起こすときには、命令から兵士の準備まで最低でも4〜5日はかかるはずですが、これだけの軍事行動がたった一日のうちにできた。

関口　やはり、あらかじめ仕組まれた攻撃だったんですね。攻め込まれた張学良軍は、蔣介石の「共産党包囲掃討作戦を最優先」という方針に従い、ほとんど抵抗せずに撤退しています。

保阪　張学良軍は兵士の数は多いんですが、ほとんどが傭兵、あるいは志願兵で、それほどの戦力ではなかったという面もあると思います。ただ、これによって関東軍はますます自信を深め暴走するようになります。

日支兩軍衝突畫報

號外

東京朝日新聞の号外
（昭和6年9月21日付）

44

昭和6（1931）年10月17日

陸軍の二大派閥「皇道派」「統制派」と幻のテロ計画

陸軍内の秘密結社「桜会」によるクーデタ計画が発覚、橋本欣五郎中佐ら首謀者が検挙された。首相や財界人らを斬殺し、軍部が直接政権を握ろうと企図したものだった。

関口　陸軍参謀本部ロシア班長だった橋本欣五郎中佐を中心に、国家改造を志向する「桜会」という組織が結成されます。これは結社みたいなものですね。

保阪　軍の中堅幕僚たちがつくった秘密結社です。なぜ秘密裏につくったかというと、「武力をもって政権を奪取する」と設立趣意書に書いているんです。つまり、クーデタを起こすと宣言して

クーデタの理論的指導者の右翼思想家・大川周明

いる。それは当然表ざたにできることではありません。

関口　こうした動きには、例の統帥権干犯の議論もかなり影響しているのでしょうか。

保阪　彼ら中堅幕僚には、軍令部の主張に耳を傾けず、ロンドン軍縮条約を結んだ政治家に対するいら立ちがあったのだと思います。

関口　以前に紹介した東条や石原莞爾らの一夕会は、ここまで過激な組織ではありませんでしたね。

保阪　一夕会のメンバーは国策と直接関わっていくエリートたちで、黙っていてもいずれ地位が上がって軍の指導者になることが約束されている人たちです。

　一方、桜会のほうは幕僚として自分たちが偉くなるよりも、軍全体で政権を握ろうと考えた。軍中心、軍事中心の国にしたいということです。

関口　こうしたなか、昭和6年3月に桜会の橋本欣五郎がクーデタを立案します。帝国議会の混乱に乗じた軍事政権樹立を計画したもので、右翼思想家の大川周明（おおかわしゅうめい）がバックアップしていました。

橋本欣五郎

保阪　この「三月事件」は、無産政党が労働者を集めてデモをし、その混乱に乗じて軍が介入してこれを押さえ、そのまま国会に入って国会議員の活動を制止して、軍事政権の樹立を宣言するという計画でした。樹立された軍事政権の首相には、当時陸軍大臣の宇垣一成（うがきかずしげ）が想定されていました。軍の上層部が関わったクーデタ計画だったんです。

ところが直前になって中止されました。

関口　情報漏れがあったためですか。

保阪　いえ、軍事政権の首班に想定されていた宇垣が、私はそのように担がれて首相になる気はない、やめてくれと言い出したためです。宇垣は実際問題として、クーデタをして権力をとる必要はない、と。いずれにせよ軍は合法的に政権の中に入っているんだから、こんなことまでやって政権をとるのはよくないと主張しました。これは「宇垣の変心」と言われています。この一件は実は当時、公にされませんでした。昭和21年の東京裁判ではじめて明らかにされるまで、ほとん

宇垣一成陸軍大臣

どの国民は知りませんでしたし、政治家・軍人も多くは知らなかった。

関口　三月事件は未遂に終わりましたが、この後陸軍ではたびたびクーデタが計画されるようになります。

そして、軍のなかに、「統制派」と「皇道派」というふたつの派閥が誕生しました。統制派は内閣を通して合法的な改革を目指し、皇道派は天皇親政のもとで国家改造を目指した。ですから、皇道派のほうがより過激です。のちに二・二六事件のような事件を起こすことになりますね。

保阪　皇道派は、政治家による政治を否定し、天皇が直接指示を出す天皇親政の政体をつくらなければいけないと考えた。主に青年将校が中心で、かなり精神性の高い派閥と言っていいと思います。

それに対して統制派は、財界人、官僚と総合しながらもっと合理的に権力を動かそうという考えです。

昭和10年代の中ごろから権力の中枢に昇った東条英機は、統制派に属してはいても皇道派に近い感覚を持っていました。ですからこの陸軍内の派閥も一筋縄にはいかない、簡単に割り切れるものではないと思います。

関口　この後も、昭和6年10月に桜会と大川周明が画策したクーデタ未遂、「十月事件」が発覚します。桜会の将校が率いる陸軍だけではなく、海軍の航空隊まで加わり、首相官邸はじめ警視庁、陸軍省、参謀本部まで襲撃し、若槻礼次郎首相ら政府要人のほか財界人まで襲撃するという大がかりな計画でした。

保阪　首相官邸で閣議を開いているところに押し入って、斬殺するという行動計画を立てていましたが、事前に計画が漏れて中心人物が一斉に検挙され、未遂に終わりました。むしろ十月事件というのは、こういう計画があるということを政府の側にあえて漏らしていったんだと思うのです。

実際には海軍の航空隊が加わるという計画には何の根拠もありませんでしたし、飛行機を飛ばすようなことも計画していなかった。

関口　いざとなればこういうことをやるという威嚇ですか。

保阪　満州事変が9月に起こり、政治家たちに圧力をかける意味で、意図的に計画を漏らしたのではないかと思います。

若槻礼次郎

45

天津を脱出したラストエンペラー溥儀の「利用価値」

昭和6(1931)年11月10日

天津の日本租界に保護されていた清朝最後の皇帝・溥儀が、関東軍の土肥原賢二の手引きで満州へ脱出。溥儀は清朝の再興を夢見ていた。

関口　板垣征四郎、石原莞爾の両参謀は当初、関東軍による満蒙領有を主張していましたが、政府と陸軍中央部の説得は不可能とみて妥協を余儀なくされます。清朝最後の皇帝・溥儀を担ぎ出して満州に独立国をつくるという陸軍中央部の方針に従うことにしたのです。

保阪　日本が直接領有すれば国際的な批判も高まるでしょうし、ここは情勢を読んで一歩後退二歩前進の道を選んだということでしょう。

ラストエンペラー・溥儀と婉容夫人

関口　とはいえ、ゆくゆくは日本の思うままになるような国を満州につくりたいわけですから、国防・外交など国の重要部分は日本が掌握するような政体を構想したのでしょう。形の上では溥儀たち中国人の独立国家ではあっても、実際には日本の傀儡、操り人形の国家ですね。

しかし、政府としては溥儀を満州に移すことには反対だった。幣原喜重郎外相は天津総領事に溥儀の監視と脱出阻止を命じ、海軍もこれに従って脱出作戦への協力を拒否しています。

保阪　ここがまた、歴史のひとつの分かれ目になります。政府は溥儀を皇帝に据え、満州に傀儡政権をつくることにやはり二の足を踏んでいます。一方海軍が賛成しなかったことも微妙な点ですが、海軍は陸軍の構想には基本的に批判的な姿勢をとっていました。

関口　しかし、溥儀を利用しようという関東軍の構想は、ある程度漏れていたようですね。だから天津から溥儀を脱出させるときは様々な画策をするのですが。

保阪　溥儀は天津の日本租界に住んでいました。日本は明治25年にこの租界を設置し、1・5キロ×1キロの狭い土地に6000人もの日本人が住んでいました。中国人も2万3000人、朝鮮人も500人いましたが、租界の中はまったくの治外法権で、行政の権利もそれぞれの国が持っていました。これは形を変えた残酷な植民地支配そのものです。

関口　こういった租界が、中国国内のあちこちにあったんですね。

天津の租界から溥儀を脱出させることを画策したのは、関東軍の土肥原賢二でした。土肥原は満州で諜報活動を担っていましたが、天津租界の中国人街で暴動を起こさせ、その混乱に乗じて溥儀を連れ出そうと工作します。溥儀は清朝の復権を願っていましたから、帝国ということであれば、満州行きを承知するだろうと考えたのですね。

湯崗子温泉を発ち、長春に向かう溥儀夫妻

11月10日の夜、溥儀は自動車のトランクに隠れて租界を脱出し、途中立ち寄った料理店で日本軍将校の軍服に着替えてイギリス租界外れの埠頭に移動します。軍の小型船で白河（はくが）を渡って塘沽（タンクー）に向かい、そこで民間の商船「淡路丸」に乗り換えて、13日朝には満州入り口の営口に到着しました。そこから日本軍の支配下にあった旅順へと向かうんですね。

保阪　いきなり満州に入らなかったのは、満州国という国家がすぐに成立する状況ではなかったからで、いったん旅順のヤマトホテル2階に軟禁されるんです。このときはなるべく部屋を出ないように指示され、1階に降りることも禁じられていました。狙撃されることを恐れたこともあるのでしょうが、溥儀自身の逃亡も警戒されていたのだと思います。

関口　一方、溥儀夫人の婉容（えんよう）は、「私は行くつもりはありません」と同行を拒否して日本租界に残り、使者を通じて離婚も申し出るんですね。夫婦仲がうまくいっていなかったんでしょうか。

保阪　結婚の経緯を見ても、当時のしきたりでしょうが、側室も一緒についていく。婉容は、そういうことに対する不快感もあったでしょうし、溥

溥儀が軟禁された旅順のヤマトホテル

儀に対する愛情も薄れていたのかもしれません。

関口　ところが、その婉容のもとに川島芳子（かわしまよしこ）という女性が現れます。この人はもともと満州族で、本名は愛新覚羅顕玗（あいしんかくらけんし）。清朝王族粛親王（しゅくしんのう）の第14王女で、日本の大陸浪人の川島浪速（なにわ）の養女となり、川島芳子を名乗って日本の情報収集活動に従事していました。

保阪　川島浪速は粛親王とともに清朝の復活のために熱心に動いた人ですが、その縁で親王の娘を養女にしたのです。

関口　男装の麗人、東洋のマタハリとも言われて日本でも人気者になったと聞きますが、この男装の意味はどういうことだったんですか。

保阪　私もよくわからないですが、男装して軍人のなかに入り込んで情報をとったり、街へ出て情報収集という活動をしていたのではないでしょうか。

関口　その川島芳子は婉容に対し、「皇上は3日前、大連で亡くなりまし

養父・川島浪速と
男装した川島芳子

た」とウソをつくんですね。皇上、つまり溥儀の葬儀に出席する必要があるという方便で、婉容を満州へ連れ出した。ところが、旅順のヤマトホテルに到着し、夫が生きていることを知ります。

保阪　婉容がそのとき「私は帰る」と言いだしたのを、川島芳子が説得した。日本軍の手を借りて、もう一度帝国を復活させるからと言ったのではないかと思います。

関口　溥儀と婉容は川島芳子の父の粛親王が住んでいた粛親王府に移動して、そこでまた軟禁状態に置かれた。その間に関東軍としては何か、早く進めなければいけない計画があったんですね。

46

関東軍満州へ進撃！暴走を憂慮する天皇の勅語

昭和7（1932）年1月7日

張学良軍の拠点・錦州を占領した関東軍に対し、陸軍中央は「支那問題処理方針要綱」を伝達。満州を独立させせ、日本寄りの政権をつくるよう指示した。

関口　関東軍は政府の戦線不拡大方針に抗い、昭和6年11月19日には北満州のチチハルまで進撃します。

陸軍中央は東清鉄道以北への進出に再三にわたって反対していましたが、関東軍は「ソ連の現状は日本と直接衝突に踏み切るほどの余力がない」と見て攻め込んだ。当時のソ連はスターリンが党内の権力闘争に明け暮れ、5ヵ年計画の完遂を目指して国内情勢に力を入れていて、この地域への備えは手薄になっていたということでしょ

チチハルに向かって進撃する関東軍

うか。

保阪　はい、その通りです。ソ連はこのころ国内の経済体制整備、国内産業の重工業化など国の基盤づくりに忙しく、軍事に注力する余裕はないと関東軍の情報部門は分析していましたが、それはたしかに当たっている面があったということでしょう。

関口　関東軍はさらに攻め込みます。奉天から撤退した張学良軍が本拠を置いた錦州を空爆、11月27日に占領してしまいます。錦州にはイギリスの利権鉄道が通っていたために、この攻撃が海外の反発を招いたんですね。

保阪　満州には、イギリスだけでなくアメリカ、ソ連など色々な国の利権があり、入り組んでいるんです。関東軍が進撃する際には、中国だけでなくこうした各国の権益を侵害する可能性がありますから、日本政府はそれを恐れて不拡大の方針を伝えていました。ところが関東軍はむしろ逆に「いまがチャンスだ」とばかり、軍事侵攻することで日本の利権を確定しようとするんです。

関口　錦州を占領した関東軍に対し、日本政府は一昼夜に4回も繰り返して撤退を要請したんだそうです。そのため、関東軍は仕方なく一度は撤退しました。

一方、日本国内では、多くの国民が満州事変を支持していました。これには、報道の影響も大きかったようです。このころ新聞各社は発行部数を伸ばそうとするあまりセンセーショナルな紙面づくりに傾いていました。柳条湖事件は張学良軍の仕業と報じられていたこともあり、派手な勇ましい報道をしています。東京朝日新聞の『日支両軍衝突画報』には、「日支両軍戦端を開く」などの見出しが躍っています。

保阪　一方的な情報だけを与えられ、あおられると、国民はそちらの方向で盛り上がっていってしまいます。悪いのは張学良軍であって、我々はなんとしてもそれを打倒しなければという報道で埋め尽くされ、それがそのまま国民感情となって燃え上がってしまう。

関口　それがのちに、「大本営発表」という究極の報道統制にまで行きつきますね。

昭和6年12月28日、国際連盟は戦闘行為中止の決議を出しますが、日本

張作霖の息子で中国東北部の実権を引き継いだ張学良

はそれに対して「匪賊（ひぞく）を討伐し、満州地域の日本人の生命、財産を保護するため」に満州に侵攻するのだと主張したんですね。匪賊というのは、集団で略奪や暴行を行う賊のことです。

保阪 日本からすると匪賊という言葉になりますが、実態としては日本に抗議するために挑んでくる人だと思います。

関口 昭和7年1月3日、関東軍はふたたび錦州に兵を出し、あっという間に占領してしまいます。対する張学良軍は不抵抗方針をとり、戦わずして撤退します。

保阪 このとき中国国内は、激しい内戦状態だったんです。滅共第一、抗日第二というのが、蔣介石のスローガンでした。張学良もそれに従ってひとまず撤退します。のちに張学良は共産党を倒すよりも先に抗日だと態度を変えるのですが、この段階ではとにかく共産党と戦って国内を一本化するんだという方針でした。

満州南部の要衝・錦州に入城した日本軍

関口　昭和6年、中国各地の根拠地代表が瑞金（ずいきん）に集結して中華ソビエト共和国臨時政府というものを設立し、毛沢東（もうたくとう）が主席に選ばれました。

年が明けて昭和7年1月6日、陸軍中央から関東軍参謀板垣征四郎大佐に対して「支那問題処理方針要綱」が示されます。

「満蒙はこれをさしあたり支那本部政権より分離独立せる一政権の統治支配地域とし、逐次一国家たるの形態を具有するごとく誘導する」「満蒙問題に対する関係については該政権をして満蒙に対する一切の主張を自然に断念せしむるごとく仕向くるを以て主旨とす」。要するに、うまく誘導して統治権を諦めさせる方向に持っていけ、と。

保阪　日本軍に異を唱えたり、抵抗しても無益だと教えなければならんということです。

関口　時を同じくして天皇が関東軍にお言葉を出します。「関東軍の将兵は果断神速寡克く（よ）衆を制し速やかに之を芟討（さんとう）せり」「益々堅忍自重以て東洋平和の基礎を確立し朕が信倚（しんい）に対（こた）えんことを期せよ」。つまり、関東軍は神業のような速さと少ない兵で多くを制圧した、今後ますます私の信頼

長春駅に集合した部隊

に応えることを心がけよ、と。

関東軍の軍事行動を是認し、戦意昂揚を図る言葉と受け取られますね。

保阪　これは軍の統帥権を持つ大元帥としての、軍服の言葉です。天皇は満州での不拡大方針を支持していましたから、明らかに矛盾しています。一方で、軍人たちは本当に客観的事実を天皇に正確に伝えていたかという疑問があります。中国人による暴行事件が相次いで、入植した日本人が苦しめられている、それを抑えるために出て行くんですと言われていたとすれば、軍事行動を是認する勅語が出てもおかしくない。軍部は自分たちに都合のいい情報を天皇に伝えていたんじゃないかと思われるのです。

天皇のお言葉自体に矛盾はありますが、その背景を考えると、天皇と軍部のコミュニケーションがどのようなものだったのかが浮かび上がってきます。この点は昭和史を考えるうえで、非常に重要な論点だと私は考えているんです。

47

第一次上海事変 川島芳子を使った関東軍の謀略

昭和7（1932）年1月28日

上海で起こった抗日運動をきっかけに、日本軍が出兵し中国軍と激突する。しかしこの事件の背景には、「東洋のマタハリ」と言われた川島芳子が暗躍する謀略があった。

関口　満州で関東軍が戦線を拡大している最中の昭和7年1月18日、抗日運動の拠点のひとつである三友実業社の前で、日本人僧侶5人が数十人の中国人集団に襲われて1人が死亡、4人が重軽傷を負います。

2日後、日本人居留民30人が武装してこの三友実業社を襲撃、このときは日中双方に死者が出ました。これを受けて日本政府は加害者の処罰や慰

「男装の麗人」と言われた川島芳子

謝料、謝罪などを中国側に要求し、さらに兵士と軍艦を派遣します。このときは陸軍ではなく、海軍の陸戦隊が出動しました。

保阪　海軍としても中国戦線、満州でなんらかの働きをしたいという考えがあったのではないでしょうか。

関口　この事件をきっかけに1月28日、上海で日本軍と中国軍が激突する上海事変に発展します。この事変という言葉の意味はどういうことなのでしょうか。

保阪　戦争と区別しているんです。宣戦布告をして国家間に戦闘状態が発生するのが戦争で、そうなると国際法の決まりがあり、戦時予算や、徴兵など戦争のための国策を策定する必要も出てきます。反戦的な言論・行為を取り締まり、罰することができるようになる。そういった法的なことを含めて、軍部は「戦争」と「事変」を使い分ける計算をしていたと思います。

また日本の場合、天皇が戦争という言葉を非常に恐れ、神経質になっていたということが言えると思います。

関口　田中隆吉（たなかりゅうきち）少将は戦後の東京裁判で、「満州を独立させるために上海でことを起こし、列強の目をそらしてほしい」と板垣征四郎大佐から言われ、工作資金2万円、現在の価値で1600万円相当をわたされて日中の軍事衝突を起こすよう依頼されたと証言しています。

保阪　関東軍には、そういう意図はあったと思います。

とはいえ、田中は東京裁判で検察側の証人となっているんです。日本の軍隊がいかにひどいことをしたか、自分自身のことを含めて検察側の主張に沿う形で証言しています。この証言を客観的史実として扱ってよいかどうか、私は断定できません。

関口　板垣から依頼を受けた田中は、川島芳子を使ったんですね。

溥儀の妻の婉容を天津の租界から言葉巧みに連れ出した川島芳子が、このときにも動いている。田中は川島芳子に、1万円をわたしたそうです。板垣から預かった2万円の半分を託した。川島はこのカネをもって、三友実業社に働きかけて日本人襲撃事件を起こさせたというんです。三友は抗日義勇軍を持っていましたので、使えると思ったのでしょう。

保阪　そこが田中証言のひとつのポイントです。おそらく、大きな流れとしては事実でしょうが、はたしてすべてが本当なんだろうかとクビを傾げるような部分もあります。

関口 しかし、その結果として上海事変が起きたことは事実ですね。

当時の上海という街は、東西の文化が混じりあう流行の最先端都市で、外国人居留地を中心に2万5000人もの日本人が住んでいたと言われています。当時の上海を歌った「上海リル」なんて歌を聴いてみても、この当時としては非常に洒落ていますね。すこしジャズっぽい要素が入っているのかな。

保阪 この当時の上海という街は、日本では想像もできないほど様々な文化が混じり合って独特の雰囲気を醸し出していたといいますね。

上海港をのぞむ地域に建ち並ぶビル群。この一帯は「バンド」と呼ばれた

48

リットン調査団来日で早まった満州国の建国

昭和7（1932）年
2月29日

国連が派遣したリットン調査団が来日、渡満前の下調査を開始するが、日本側は連日の接待攻勢で時間を稼ぐかたわら、満州での既成事実づくりを急いだ。

関口　蔣介石は昭和6年9月の柳条湖爆破事件を国連に提訴し、12月10日にリットン調査団が設置されました。翌昭和7年1月には上海事変が起こります。そんななか、リットン調査団は2月3日にフランスを出発して、日本へと向かいます。

一方、関東軍は奉天、ハルビンなどの主要都市を押さえ、奉天省、吉林省、黒竜江省の3省が相次いで独立を宣言しました。これは日本がそのように仕向けたんでしょうか。

保阪　そうなんです。奉天、吉林、黒竜江という東部3省を集めて、

執政就任式に臨む溥儀（中央）

満州国をつくるための布石です。それぞれの地域にいる指導者を説得して、まず中国国民政府から脱退させ、次の段階で3省が一緒になって新しい国をつくるというプログラムで進んでいきます。

関口 日本は「清王朝復活」の誘い文句で溥儀を動かしましたが、3省の指導者たちに対してはどのようなメリットを説いたのでしょう。

保阪 日本と友好関係を結びながら、資源開発など満州の発展を目指し、ここに理想郷、理想的な新国家をつくろうと説得したのだろうと思います。

関口 昭和7年2月17日、新国家建国のための東北行政委員会が設立され、この地域の実力者を委員会に取り込んでいくのですね。

一方、国連のリットン調査団が昭和7年2月29日、日本にやって参ります。3月11日まで日本国内での調査にあたり、4月に満州に渡って、現地で日本がどんなひどいことをしているかの調査に入ることになっていました。

保阪 東部3省に親日的な新国家をつくらせて、リットン調査団の事情聴取に対して日本に理解のあることを言ってもらおうと考えたのだと思います。

関口　関東軍とすれば、調査団が本格的な活動を始める前に、既成事実をつくってしまおうと考えたのでしょうね。

来日したリットン調査団は、犬養毅首相らに対する聞き取りを始めます。

保阪　リットン調査団のメンバーは、イギリス、フランス、イタリア、ドイツ、アメリカの出身でした。特に英、仏、独は植民地経営にあたった責任者たちでしたから、日本の満州政策についてもある程度理解のあるメンバーだったと思います。

関口　リットン調査団が日本で活動中の3月3日、天皇の要請で、日本軍は上海事変の戦闘停止を宣言します。国連の調査団の本格的な活動が始まったのに、上海でまだ軍事行動を起こしているようではダメだ、ということでしょうか。

保阪　世界の目が注がれているわけですから、少し自粛せよというのが天皇の意思だったと思います。

首相外相を訪ひ
意見交換
聯盟調査委員一行

昭和7年3月1日付東京朝日新聞

関口　しかし、満州に親日傀儡国家をつくろうと思っている人たちは、天皇陛下が停戦を指示するような踏み込んだ発言はしてほしくないと思っていたでしょうね。そういうことについては、事前に調整するのでしょうか。

保阪　こういうときに重要なのは侍従武官長という存在です。日常的に天皇の近くにいて、軍の活動や現状について報告する役割で、陸軍出身者が多かった。その侍従武官長に対して陸軍の指導部、参謀本部などが「陛下には、この部分はお伝えしなくていい」という形で事実上の情報操作をしていました。

　ですから、満州国建国の裏側について天皇が熟知していたとはとても思えません。実際、満州国建国前後の天皇の発言はほぼ記録が残っていません。記録がないだけでなく、ほとんど発言していないのではないかと思います。

関口　そうなんですか。

保阪　昭和天皇の侍従に聞いたことがあるのですが、天皇は満州国建国について報告は受けていても、中国人が自主的に作る国であって、日本はそれをサポートする立場だという理解をしていただろうから、特に深い感想を述べるということはなかったと思う、と話していました。このころの軍の膨張ぶりを見ていると、天皇の意思はまったく生かされていないと感じます。天皇は30代ですが、軍首脳は50代、60代ですから、若い君主を自分たちが善導してやるというおごりがあったと思います。

関口　リットン調査団は満州に渡るまえ、２週間ほど日本に滞在しましたが、その間昼は閣僚や財界要人と会談し、夜は宴席が設けられていました。調査に来たのにそんなことをしていていいんだろうか、と思いますが、これは日本側の作戦でしたか。

保阪　明らかに作戦です。満州行きを少しでも遅らせるためですね。調査団は日本にいるあいだ、毎晩宴席でもてなされ、時間を稼がれたといっていいでしょうね。

関口　調査団が日本で接待を受けていた昭和7年3月1日、満州国の建国

日本側が上海でリットン調査団を接待した際の飲食代（「満州事変費関係雑纂　機密費関係　在支、満各館　第1巻」より。外務省外交史料館蔵）

が宣言されます。その元首は執政と称し、溥儀が就任しました。皇帝にこだわっていた溥儀が執政という称号を承諾したのは建国のわずか6日前だったといいます。国旗の新五色旗の意味合いは、青が東方地域、赤が南方、白が西方ですね。黒が北方で、黄色が中央行政を象徴していたそうです。新国家の政治は民本主義としています。

保阪　民本主義とは民主主義のことです。民主主義体制をとるという大義を掲げたのは、リットン調査団と国際社会に与える印象を考えたのでしょうが、清朝再興を願っていた溥儀は当然納得していませんでした。

関口　満州国は面積130万平方キロメートル、建国時の人口約3000万人。首都は長春を改名した新京に置きました。非常に寒いところですが、日本では理想郷のように伝えられたんですね。

49

「一人一殺」のテロ組織 血盟団事件の衝撃

昭和7（1932）年3月5日

三井財閥総帥の団琢磨が狙撃され絶命。「一人一殺」を掲げる国家主義団体・血盟団に心酔した青年による犯行だった。精神的指導者の井上日召はほどなく自ら出頭する。

関口　満州国が建国されたころ、国内では「血盟団事件」が起こります。

日蓮宗の僧侶・井上日召（いのうえにっしょう）は、財閥をはじめとする支配階級の腐敗と、社会主義の浸透に危機感を持ち、国家主義団体「血盟団」をつくって一人一殺、テロによる国家改造を目指した。

保阪　井上は茨城県大洗の立正護国堂を自分の信仰の中心地としていました。血盟団には茨城の農村部の青

井上日召

年たちに加えて東京帝大、京都帝大などの大学生も集まっていました。政治家や財界人を一人一殺で殺していき、その後に国家改造をやればいい、という思想を持っていました。

関口　貧困と格差が広がる日本の経済面を見て、日本はやはり正常な国ではないという思いがあったのでしょうか。

保阪　血盟団に集まった農村青年たちは、我々の生活がこれだけ苦しいのは財政政策に問題があるためだ、金輸出解除や金本位制への復帰など庶民に大きな負担をかけつづける財政当局者に責任を負わせる必要がある、と考えていました。

関口　昭和7年3月5日午前11時半ころ、三井財閥総帥の団琢磨（だんたくま）が三越百貨店横の三井本館玄関に入ろうとしたところをピストルで撃たれ、45分後に絶命しています。犯人は19歳の男で、その場で逮捕されました。

保阪　金本位制離脱を見越してドルを買い、大儲けした財閥があったということで、その代表として団琢磨を殺した、と実行犯は言っています。

関口　この1ヵ月前の2月には、前大蔵大臣の井上準之助が選挙応援演説

団琢磨

のため本郷駒本小学校を訪れたところをピストルで撃たれ、搬送先の病院で間もなく亡くなっています。このふたつの事件の背景を調べると、ともに井上日召の影響を受けていることもわかった。ピストルの出どころは同じ人物で、藤井斉（ふじいひとし）という海軍大尉でしたが、藤井は空母加賀の攻撃隊第二小隊長機の操縦員として上海事変に出征し、2月5日に戦死しています。

保阪　藤井は海軍内で国会改造運動の指導的な立場にあった軍人で、王師会という会をつくり、同志を集めていました。その同志が、のちに五・一五事件に連座することになります。藤井にはリーダー的な資質があり、海軍上層部にもかわいがられていたため、陸海軍問わず広い人脈があり、情報も集まってきていたといいます。

関口　この藤井大尉自身、当時の日本のあり方に対して疑問を抱いていたんですね。

保阪　ロンドン軍縮条約で艦船の保有量に制限を設けられたときも、内閣は軍令部の言うことを聞くべきだと主張した、いわゆる「艦隊派」です。国家改造が必要であると考える海軍の若い士官のリーダーの一人だったと言っていいと思います。

関口　もう一人の指導者が井上日召です。宗教家であり、政治運動家でもあり、血盟団の結成者と言われた人ですが。

保阪　井上は日蓮宗の僧侶ですが、どこかに寺を持っているわけではなく、国家改造運動に身を投じてきた人です。非常に筆が立つ人で、彼の書いた「梅の実」という分厚い回顧録を読むと、国民の利益を忘れ自らの利益の追求に走るような政治家や指導者は暗殺すべきであると書いています。一人一殺、一人が一人を殺すという激しい考えをもってあたらないと政治は良くならない、というのです。

関口　不思議なことに、井上は団琢磨暗殺事件後の3月11日に自ら出頭しているんですね。このあと起こった五・一五事件のときは獄中にいた。つまり藤井斉と

今朝、三井銀行前で
團琢磨男射殺さる
犯人現場で即時捕縛

應援演説會場の入口で
井上前藏相射殺さる
兇漢、拳銃三發を連射
その場で直に捕縛

血盟団事件を伝える新聞記事（昭和7年2月10日付＝左、3月6日付東京朝日新聞）

井上日召という二人の指導者が不在にもかかわらず、事件は起こったんです。

保阪　海軍の藤井がつくった王師会のメンバーが井上の考えに影響され、陸軍の青年将校にも声をかけましたが、陸軍の将校たちは「まだ時期が早い」と言って決起しなかった。そのためもっと若い士官学校の学生に声をかけます。

関口　それが五・一五事件につながっていくんですね。彼らが狙ったのは犬養毅首相、若槻礼次郎前首相らでした。元老の西園寺公望、牧野伸顕らも標的としたようですが、元老は被害には遭いませんでした。

犬養首相が狙われた理由のひとつには、3月に建国が宣言されたばかりの満州国をめぐる意見の相違もあったんですね。

50

昭和7(1932)年5月15日

五・一五事件 「問答無用」で殺された犬養首相

井上日召の影響を受けた海軍青年将校らが犬養毅首相を襲撃、殺害。ほかにも牧野内大臣、政友会本部、三菱銀行、変電所などに一斉にテロ攻撃が行われた。

関口　昭和7年5月15日午後5時、靖国神社に海軍青年将校や陸軍士官候補生らが集まってきた。そこからタクシーに乗り、ビラをまきながら、永田町の首相官邸へと向かいます。そこには、次のような言葉が書かれていました。

「日本国民よ、刻下の祖国日本を直視せよ。政治、外交、経済、教育、思想、軍事、何処に皇国日本の姿ありや。国民よ、天皇の御名に於いて君側の奸を屠(ほふ)れ。

昭和7年5月15日、皇居坂下門で警備にあたる憲兵

起て、起って真の日本を建設せよ」

犬養は首相官邸にいて、息子の妻と孫と夕食の準備をしていたところでした。そこへ海軍の三上卓中尉と黒岩勇予備役少尉らが乱入した。犬養は食堂にいた家族から引き離すため、将校らを客間へ誘導したうえで、「まあ急くな。撃つのはいつでも撃てる。あっちへ行って話を聞こう、ついて来い。靴でも脱げや、話を聞こう」と言ったと。しかし海軍の山岸宏中尉が「問答無用、撃て！」と命じ、ダダッと撃ってしまった。

保阪　話しているうちに若い士官たちが犬養首相に説得されてしまうことを恐れたのでしょう。

撃たれたあとも犬養首相は気丈です。実行犯らが立ち去ったあと、机に手をつき、駆けつけた女中に「たばこに火をつけろ」と言った。首相はそのままの姿勢で「若い者に話して聞かせることがある、呼んでこい」と言ったあと、しばらくしてバタンと倒れたと言われています。このあたりの経緯は、後年犬養首相の孫の犬養道子さんが、母から聞いた話を書き残しています。道子さんのお母さんは事件当初、首相の傍らにいたんです。

関口 犬養首相が「話せばわかる」と言ったという話が有名ですが、実際にはそういう言葉ではなかったんですね。首相が亡くなったのはこの日深夜の午後11時26分でした。

狙われたのは犬養首相だけではありませんでした。襲撃隊の第二班は牧野伸顕内大臣のいる内大臣官邸に入り、手榴弾で威嚇(いかく)した。第三班は政友会の本部を襲撃、ここでも手榴弾を使っています。しかし、手榴弾はいずれも不発でした。

保阪 狙われたのは首相や内大臣、議会政治の中心を担う政党の本部など、象徴的な存在ばかりです。対象に対する恨みというよりも、国民を覚醒させる狙いがあったのではないでしょうか。

関口 第四班もありました。明治大学の奥田秀夫という学生が三菱銀行を手榴弾で襲撃しますが、これは手前の道路に落ちて爆発、銀行に実害はありませんでした。それから橘孝三郎(たちばなこうざぶろう)という人物の率いる愛郷塾の農民決死隊が、亀戸、田端など6ヵ所の変電所を襲撃しましたが、送電機能を破壊することはできなかった。

襲撃隊の標的となった
牧野伸顕内大臣

保阪　彼らは変電所の仕組みを理解していなくて、金づちを持って行ってあちこち叩いたが、壊れなかったというんです。手榴弾が不発だったのも、海軍の軍人は陸戦に不慣れで、手榴弾を扱ったことがなかったためと聞いたことがあります。

関口　この襲撃事件はいろんな面で手ぬるいなという気がしますね。実行犯はそれぞれ憲兵隊本部に自ら出頭して、事を収めます。

保阪　これには裏がありまして、憲兵隊の隊長がこういった運動に理解のある人物で、彼らを国士として扱え、と指示するんです。こういった措置を見ても、軍には大きな思惑があったことを窺わせます。

関口　この事件の背景には、政党政治の腐敗、金本位制による昭和恐慌、農民・労働者の困窮、ロンドン海軍軍縮条約、満蒙問題など、青年将校たちの不満があったのですね。青年将校たちは国家主義者、農本主義者と結合してクーデタによる体制変革＝昭和維新を唱えていました。

保阪　犬養首相は軍事力を使って中国に入り、制圧するのは日本がとるべき道ではないという考え方でしたから、軍内部で犬養はとんでもない男だと語られるようになり、青年将校たちもそれに影響されていた節はあります。

関口 実はこの五・一五事件の前日、世界の喜劇王チャーリー・チャップリンが日本に立ち寄っていました。世界紀行の途中だったんですね。五・一五の当日は犬養首相の長男・犬養健（たける）と国技館で相撲を観戦していました。

保阪 観戦中に使者が来て、犬養健が事件を知る。チャップリンの自伝によると、健はすぐに首相官邸に向かったが、その後国技館に戻ってきたと。それで二人でまた官邸に向かい、チャップリン自身も襲撃現場を見たと書いています。しかしこれはチャップリンの記憶違いではないかと思うんです。ほかの史料によると、チャップリンが首相官邸に来たのは2日後の17日で、お見舞いのために訪れたと。そのときと混同していると思われるんです。

関口 襲撃グループのひとりの古賀清志（こがきよし）の供述によると、5月15日に首相官邸でチャップリンの歓迎会が催される予定であることを新聞で知り、官

昭和7年5月15日、国技館で相撲を観戦したチャップリン（右から3人目）

邸に多数の支配階級が集まると予想されることから決行日に決めたとしています。襲撃によって日米関係を困難にし、人心の動揺をきたし、革命の進展を速やかにできる、と考えたと。

保阪　実際にチャップリンがいるときにこんな事件が起きたら、国際的な大問題になっていたはずです。

関口　実行犯たちの裁判は海軍軍人は海軍の軍法会議、陸軍は陸軍の軍法会議、民間人は東京地裁予審部で行われました。陸軍士官候補生は全員禁錮4年、海軍将校はもっとも重い者でも禁錮15年、民間人も無期懲役で、死刑判決はゼロでした。

保阪　裁判では陸軍士官候補生が「私どもは犬養閣下には何らの怨恨もありませぬ。犬養閣下は支配階級の犠牲になられました」と落涙しながら発言し、それを聞いた裁判長も涙している。報じる新聞記者も、泣きながら記事を書いたというんです。

関口　襲撃犯の減刑を求める嘆願が100万通近くも集まったそうですね。なぜそれほどの同情を集めたのでしょう。

保阪 彼らは私を捨てて公のために決起したのだ、と受け止められたのです。襲撃グループの士官候補生のなかに、成績が一番の最優等生がいたんです。その候補生が、「日本が良くなってほしい、そのためには私の命などどうでもいい」と発言して、そこから「事件は私怨とか、売国的な行動ではない」という同情論が強まるようになるのです。

関口 テロ事件が美談になっていったんですね。

保阪 犬養首相の孫の犬養道子さんに何度かお会いしたことがありますが、「あの当時、（犬養首相の）遺族はまるで加害者のように扱われ、お米を買いに行ったら犬養家には売らないと言われたことまであったんですよ」と話しておられました。

関口 なぜそんなことになるのか、理解しにくい話ですね。

保阪 動機が正しければ何をやってもいい。そのように価値観が逆転してしまった。それを私は動機至純論というのですが、この五・一五事件の裁判は、社会全体がマスヒステリーのようになってしまったと感じます。

51

昭和7(1932)年9月15日

満州国承認のウラでつくられていた秘密協定

日本は満州国を承認する日満議定書に調印。関東軍が主導してつくりあげた傀儡国家を自ら承認するという「自作自演」だったが、国民は熱狂的に歓迎した。

関口　建国された満州国は、ふたつのスローガンを掲げていました。それが、王道楽土と五族協和です。王道楽土は、西洋的な武力による統治＝覇道ではなく、東洋的な思いやりを持った「王道」によって理想の地＝楽土を求めるという考えでした。五族協和のほうは、満州の地に住む5つの民族が協力して平和な国をつくろうという考えです。

そのどちらも、満州国の現実とはかけ離れていたようですね。満州国は人口比率でいうと圧倒的に漢民族が多く、

満州国建国を祝う晩餐会

日本人は1・1%しかいないのに、その日本人が他の民族を抑えつけて支配階級になろうとしたのですから。

保阪 これだけの人口しかいないのに、支配階級として統治しようとすれば、やはり武力を使うほかありません。

関口 昭和7年3月9日、清朝最後の皇帝・溥儀が満州国の執政に就任する就任式が行われました。溥儀は不仲が囁かれていた婉容夫人を伴い、満鉄列車に乗って首都・新京に入りました。駅には軍楽隊が出て、清国時代の家臣らが出迎えています。

新京には奉祝門などが新たにつくられ、新五色旗が振られるなかを溥儀の車が進みます。就任式には東部3省の代表のほか満鉄関係者、そして関東軍司令官の本庄繁(ほんじょうしげる)が出席しています。

保阪 見えないところで、式典の周辺を護衛しているのは関東軍の兵士たちでした。そこにこの就任式のひとつの真実があると思います。

関口 溥儀はのちに書いた自伝で、この就任式の儀礼・会見で多くの人からおめでとうございますと言われ、それを聞いているうちにうきうきした気持ちになったと述べています。

保阪　溥儀の希望は、日本の天皇と同じレベルの扱いにしてほしいということでした。それが溥儀のプライドだったのでしょう。

関口　閣下と呼ばれたことに怒り、陛下と呼んでほしかったと言っていますね。

保阪　もう一点、この就任式の日程を見ても明らかなように、リットン調査団の動きを見ながら、それを計算に入れてあえて言えば急ごしらえの、非常にずさんな国造りをしたという印象を受けます。

関口　新たに定められた満州国4省の代表者も決められます。黒竜江省・馬占山（ばせんざん）、吉林省・熙洽（きこう）、熱河省・湯玉麟（とうぎょくりん）、それから奉天省が臧式毅（ぞうしきき）という人ですね。

保阪　それぞれ各地方の有力者たちですが、自分たちの持っている権益を守りたい、そのために日本の軍事力を利用しようと考えた人たちです。

関口　この4省はのちに細かく分割され、19省になります。

保阪　省が大きいと日本側に抵抗するときの力が大きくなるだろうと、細かく分割したんです。

関口　満州国には議会がなく、国務院という組織が中央の行政機関となりました。組織のトップには中国人を据えていましたが、その後ろには関東軍がいて、人事、財政などの実権を握っていた。関東軍の駒井徳三という人が溥儀の側近の鄭孝胥にプレッシャーをかけて言うことをきかせるという構図になっていたんですね。

保阪　日本側は、見えないところで指導するという意

味で内面指導権と言っていました。組織トップは中国人でも、サブのポジションに日本人がいて、実質的に組織を動かしていたのです。

関口　大臣は満州族でも、実権を握る次長ポストは日本人が占め、次長会議の決議を閣議にあたる国務院会議が承認するという組織になっていました。

満州国では、日本人官吏の給与が満州人より4割も高かったのですが、満州族の大臣から不満が続出し、あるとき国務院会議でそれが議案となった。ところがそこに駒井徳三が出てきて、オレがわからせてやる、これは軍の決定だと言って脅したというんです。この一件が、満州国のあり方のすべてを表していますね。

さらに、溥儀が関東軍に対して書簡を出しています。満州統治に際する秘密協定として、溥儀が希望する項目を伝えたものです。それによると、治安維持、国防は関東軍に一任し、その費用は満州国が負担する。ほかにも鉄道・港湾・水路、航空の管理と新設はすべて日本の機関に委任することを承諾するというのです。

実質的な権力を握っていた満州国国務院総務長官の駒井徳三

保阪　溥儀が自ら出した形式になっていますが、これは関東軍が強制して書かせたものでしょう。溥儀の意思によって全権を委任されたという形式を取りたかったのだと思います。

関東軍はおそらく、いずれ帝政にすることをちらつかせたのだと思います。溥儀にとっては皇帝として復位することがなによりも優先しますから、いまは屈辱に耐えても、という思いだったのではないでしょうか。現実にこの2年後には帝政になるわけです。

関口　満州国建国から半年後の昭和7年9月15日、日本は満州国を承認する日満議定書に調印します。日本がつくり上げた傀儡国家ですから、それを日本が承認するのは当然と思われるかもしれませんが、このような、いわばセレモニーが必要だったんですね。

保阪　満州の東部委員会が自発的につくった国であり、溥儀も自ら執政に就任して日本に書簡も出している、と。それを示すためにこのようなプロセスをとったのでしょう。

関口　議定書では、

「日本は満州国が住民の意思で成立した独立の国家であることを確認する。日満両国は良い隣人としての関係を永遠に強め、お互いに領土権を尊重し、東洋の平和を確保しようと協定する。1．日本が従来から有する一切の権益を尊重する。2．共同防衛のため、関東軍を満州国に駐屯させる」

としています。

この議定書が9月に調印されたのは、これまで何度も登場しているリットン調査団の報告書が10月2日に公表されるため、その前に調印したいということがありました。日本国内では皇居や靖国神社などで祝賀会が行われ、街では記念セールなど祝賀ムードが盛り上がったそうです。

保阪 やはり領土が広がるということが、このころの日本人の底流にあった願望だったんですね。

関口 満州国では、かなり荒々しい法律も施行されました。暫行懲治盗匪法といって、軍隊・警察の指揮官の判断で匪賊をその場で処刑できる権利が盛り込まれました。

保阪 前述したように匪賊というのは抗日中国人のことです。当時の新聞

関東軍司令官・
本庄繁

を見ますと、関東軍の部隊が盗匪狩りをし、130人を殲滅したという記事が出ています。つまり処刑しているんです。このような法律をつくって運用したことを見ても、関東軍幹部の罪は重いと思います。

関口 翌昭和8年には暫行保甲法、つまり住民の相互監視を義務づけています。変なやつがいたら密告せよ、と。裏返すと、それぐらい統治が難しい土地でもあった。

国際社会はようやく翌昭和9年にエルサルバドルとヴァチカンが満州国を国として承認しました。

保阪 エルサルバドルには日本の外交官が行って説得したんでしょう。ヴァチカンにも、日本はカトリックの信仰を持つ外交官を送り込んでいました。もうひとつ、徳川時代以来日本のカトリック信者がいかに苦労しながら信仰を維持してきたか知っていますから、日本には好意的な印象を持っていたのだろうと思います。

関口 ずっとあとになってイタリア、スペイン、ドイツも満州国を承認しました。

52

昭和8（1933）年7月11日

大ヒット「東京音頭」は「ええじゃないか」の昭和版か

明治神宮に集まっていた右翼勢力らが摘発される神兵隊事件が発生。政党政治を排し、大元帥たる天皇による親政を目指す、クーデタ計画だった。

関口　血盟団事件、五・一五事件につづく、国家主義者によるクーデタ事件が昭和8年に発覚します。首相以下閣僚、政党幹部を全員殺害し、皇族による組閣を行って国家改造することを目的とする「神兵隊事件」です。

未遂には終わりますが、こういった天皇を中心とした軍事国家を目指すクーデタ計画がこのころ繰り返し起こっていますね。

空陸呼應し要人の

帝都を戒嚴下に置き
新政府樹立の大陰謀
血盟團五・一五以上に大規模
神兵隊の全貌暴露す

大事決行に分業
行動隊と建設班

保阪　そうなんです。計画を見ると、海軍の飛行機が首相官邸の上を飛んで爆弾を落とすとか、かなり乱暴なもので、実現性にはかなり疑問がありましたが、狙われた政治家や指導者たちは当然怖がりますよね。

関口　そういう効果も狙っていたのでしょうか。

保阪　実際にこういうクーデタ未遂の計画が明らかになることで政治家たちは社会的な発言を控えるようになりますし、天皇側近もあまり表に出ないようになります。クーデタ計画の効果は大きいんです。政治の前面に軍が出て、主導権を握るようになる。戦前の天皇は立法、司法、行政の主権者ですが、軍服を着た、大元帥としての天皇によってこの国を支配しようというのが基本的な考え方です。

関口　国家主義の影響が強まっていく一方、治安維持法で逮捕・勾留中の共産党委員長・佐野学(さのまなぶ)や幹部の鍋山貞親(なべやまさだちか)が獄中から転向声明を出しました。共産活動は誤りで、コミンテルンから離脱する、と。明治維新を経て発展してきた日本は、すでに革命的な意義を持っている、天皇制を受け入れ、

神兵隊事件を報じる東京日日新聞(昭和10年9月16日付)

汎アジア主義を支持すると表明しました。これまでの主張と比べると、驚きの大転換です。

保阪　それまで天皇制を否定し、国家と対峙していた共産党の大幹部が転向表明したことで、反政府勢力は壊滅状態になりました。先ほどの神兵隊事件とあわせて、国内の意見やものの考え方がグッと狭まって、徐々に国家主義、軍国主義に向けた一本道になっていくということが言えると思います。

関口　そんな世相の昭和8年8月9日から4日間にわたり、東京、千葉、神奈川、埼玉、茨城の一府四県で敵の空襲を想定した大規模な防空演習が行われました。陸海軍の航空機を仮想敵に見立て、陸軍の戦闘機と陸軍部隊が防衛にあたると。

保阪　このころはまだ、国民があまり戦時意識を持っていませんでした。満州事変とか上海事変など国外での武力衝突はあっても、国内ではいまに

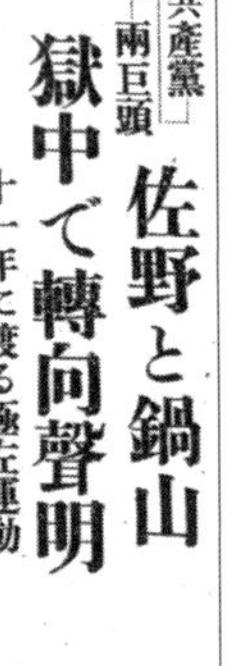

共産黨
兩巨頭
佐野と鍋山
獄中で轉向聲明
十一年に渡る極左運動
その誤謬を告白

コミンターンの
過誤を指摘す
兩名の聲明要項

共産党幹部の転向を伝える東京朝日新聞（昭和8年6月10日付）

も戦争に向かうという空気ではなかったのです。そういった国民に、戦時への意識を持たせ、緊張感を植え付けていく。

関口　このころ、ジャーナリストの桐生悠々という人が新聞で「防空演習は無意味だ」と批判したんですね。爆撃されれば街は大火災になって市民による消火など不可能だし、夜間の灯火管制をしても赤外線を使えば爆撃は可能になる。無駄に市民の狼狽を招くより、領土内に敵機を入れないのが防衛だろう、と書いて軍部から圧力をかけられ、新聞社退職を余儀なくされます。

しかし、桐生さんの言っていることはその通りだと私は思うんですが。

保阪　ごく当たり前のことを言っていると思います。このころは新聞記者といってもほとんどが国家の宣伝要員に成り下がり、桐生のように権力の横暴を監視するというようなジャーナリストはほとんどいなくなってしまいました。

関口　そうした重苦しい空気を吹き飛ばすように、新しい盆踊りの曲「東京音頭」が全国で大流行します。「丸ノ内音頭」の歌詞に東京の地名を入れ

大正期の盆踊りの様子

て「東京音頭」としてあらためて発表したもので、作詞の西條八十さんはどうせ書くなら東京市中をにぎやかに踊り狂わせる阿波踊りのような詞を書いてみたい、と考えたようです。

保阪　この曲がこれだけ流行したのは、身体を動かして踊ることで、浮世の苦しさ、世相の暗さを忘れたいという思いがあったのではないかと思うんです。ですからこれは、考えようによっては幕末の「ええじゃないか」の昭和版ですね。江戸から明治へと時代が変わっていくときの不安を、庶民は踊ることで忘れようとした。

関口　東京音頭はいまでももちろん歌われています。プロ野球・ヤクルトスワローズのファンにはおなじみの曲ですが、もともとの歌詞の2番に出てくる御稜威という天皇の威光を表す言葉や、5番の「君と臣」、8番の「九段の桜」という歌詞が戦後、GHQの指示で削除され、いま歌われているものはもとの歌詞の2、5、8番を除いたものだそうです。

53

昭和9（1934）年3月1日

満州帝国皇帝・溥儀が関東軍に禁じられた満州服

満州国が満州帝国となり、執政だった溥儀が悲願の皇帝の座に就く。しかし、その実態は関東軍に首根っこを押さえつけられた操り人形そのものだった。

関口　昭和9年3月1日、満州国が「満州帝国」に変わります。溥儀が執政から皇帝になり、元号は大同から康徳に改められました。満州国時代には国務院が政策決定権を握っていましたが、満州帝国になると溥儀が皇帝として国家元首となり、それを支える関東軍が皇帝・溥儀の名のもとに直接統治を進めました。

保阪　のちに溥儀は、戦後の東京裁判で、「自分

軍服で即位式に臨む溥儀

は皇帝になったがなんの決定もできず、法律ひとつ自分でつくったことはないし国務院の書類も見たことがなかった」と証言しています。

関口　戦後に刊行された溥儀の自伝『わが半生』によると、共和制から帝政への移行が伝えられたとき、嬉しくて天にも昇る気持ちだった、と。最初に考えたのは、満州族の正装であるロンパオを一着、準備しなければならないということだったそうです。皇帝として即位するなら、満州族の正装でと考えたのでしょう。ところが関東軍に反対されてしまったんですね。皇帝という名が私に権力をもたらすはずがなかった、何もできず、何も望めないのだった、と溥儀は嘆いています。

保阪　溥儀にとっては、清朝帝政の復活ということが人生の目標だったのでしょう。ロンパオを着なければ、満州国の皇帝という権威は根本から崩れてしまう。だからこだわったのですが、関東軍はそれを否定し、軍を指導する元帥として軍服を着て式典に臨んでくれと要求したので

ロンパオを着て車に乗り込む溥儀

す。

関口　結局、皇帝の座に就くことを天に報告する儀式ではロンパオを着用することが認められましたが、その後の即位式では軍服に着替えて臨むことになったんですね。一方、不測の事態を警戒して市民には外出禁止令が出され、即位のパレードを観ることができたのは少数の報道関係者だけだったと。

即位式を取材したアメリカ人ジャーナリストによると、まったく人気のない道路の両側に5万人の兵士が向き合って2列に並び、銃剣をつけていない満州国軍の後ろに着剣した日本軍が立っていたそうです。民衆の拍手も、歓声もいっさいなかった。

保阪　溥儀の自伝にも、この即位式当日の感想はひと言も書かれていません。皇帝になっても、満州国の国民は誰も街へ出ておらず、歓迎する者もいない。供をする側近も、服装さえも自由にならない。そのときの溥儀には絶望感と悔しさがあったと思います。皇帝に戻ることは彼の生涯の目的でしたが、それを実現したという思いとの間で葛藤していたのではないでしょうか。

関口　満州帝国の誕生に、日本国内は祝賀ムードに包まれますが、その一方、ソ連国境に近い三江省土竜山で3月9日、地元住民による反乱、土竜山事件が起こりました。

関東軍の出先機関は、強引に土地を買収して日本人入植者に分けたり、中国の農民が自衛のために所有していた武器を没収したりしていました。これに怒った土竜山の農民６０００人が蜂起して日本人移民団を包囲し、日本軍との戦闘のすえ兵士19名が死亡した。その後も数ヵ月にわたってゲリラ戦が続いたそうです。

保阪　満州での土地の買収について、旧軍人から聞いたり、記録を読むと、かなり無茶なことをしているんです。カネをやるから、何月何日までにこの土地から出ていけと通告するような、そういう形の買収であったと。中国の人が怒るのは当たり前ですね。

そうやって自分の土地を追われた人が、抗日運動に身を投じていきます。日本から入植していった人たちは、満州に行けば自分の土地がある、自

満州に移民した家族の住宅と田植え風景（昭和10年）

作農になれると思って海を渡ったけれども、行ってみるとそこはもともと中国の農民の土地で、それを取り上げたものだったということがしばしばあったのです。

関口　土竜山事件のあと、関東軍は地元民の締め付けをますます強化し、満州政府は入植政策を関東軍から移管して日本人入植者を次々に満州へ送り込むことになります。

54

室戸台風直撃と東北大凶作、青年将校たちの苛立ち

昭和9（1934）年9月21日

高知・室戸岬に巨大台風が上陸、日本列島を縦断して甚大な被害を与えた。これによって農村はますます困窮し、娘たちを都市部に身売りする悲劇が続出した。

関口　昭和9年9月、高知県に上陸した室戸台風が、日本列島を縦断しました。陸上での気圧は911ミリバール。いまはヘクトパスカルと表現しますが、このときはミリバールでした。猛烈な雨と風で50万戸以上が被害を受け、死者2702名、行方不明者を合わせると3000人を超えました。

室戸台風の直撃を受けた大阪の被害

一方東北地方は大凶作となり、貧困によって満足にご飯を食べられない欠食児童が増えていきます。飢えた子どもたちは栄養価ゼロの草木でも口にするようになり、困窮した農家で娘の人身売買がまた増えていきます。このとき、東北6県で5万8000人もの娘が都会に売られていったと言われています。

保阪　農業技術の進歩によって、農村に新型機械が入ってきます。都市部の会社が、「代金は収穫の終わった秋でいいから」と言って機械を農家に売りつけたのですが、凶作で見込んでいたほどの収入が得られないと、農家には大きな借金が残ってしまいます。昭和9〜10年、東北の農村は壊滅的な状態に陥り、朝ご飯を食べずに登校する子どもたちがいっぱいいた。子どもたちが朝礼のときにバタバタと倒れるのを見かねて、ひそかにおにぎりをつくって食べさせる教師もいたそうです。

青森の東奥日報という新聞によると、昭和6年に1500人だった青森県内の欠食児童は、昭和9年末になると6200人にのぼりました。さらに昭和10年になると1万2000人になります。

こういった農村の苦境で、まだ若い娘が都市部の上流階級の家に女中として奉公に入ったり、苦界に身を沈める人もいました。農村部の男の子は、次男坊、三男坊が軍に入り、軍舎でカレーライスを食べながら泣いているというんです。自分はいままでこんなに美味しいものを食べたことがなかった。これを田舎の母親に食べさせたい、と。一方別の兵士は、俺の姉さんは売られた、妹も売られるかもしれない、と言っている。それを聞いた若い青年将校たちが、疑問を持ちはじめていくわけです。

どうしてこんなことになってしまうのか、その根源がどこにあるか。実際にはあまりに軍事予算を優先させることで、農村に対する基本的な手当てがされていないということなんですが、軍人は

東北の凶作地を見る
賣られる最上娘
哀切・新庄節
「年期明けても歸つてくれるな」
親達の悲痛な言葉
山形縣新庄にて　飯島特派員
家路を急ぐ父と子　島田特派員撮影

東京朝日新聞　號外
未曾有の大暴風惨害畫報
死傷者約二千名　慘澹たる大阪府
電輸到る處切斷し　三都は暗黒街!　復舊手がつかず
開通見込立たず
悲壮・棧長の殉職
京都の映畫街全滅　軒なみに倒壞　各社とも撮影不能
外島療養院の患者　四百余名溺死か　避難中激浪に浚はる

東北の窮状を伝える東京朝日新聞（昭和９年10月22日付＝右）、東京朝日新聞の号外（昭和９年９月21日付＝左）

自分たちの存在が原因だとは考えない。政治が悪い、天皇陛下の思し召しどおり動かない政治家がとんでもない、と考えるようになる。こういった青年将校たちの感性がのちの二・二六事件の遠因になり、軍の肥大化にもつながっていきます。感性だけで物を見ていると、本質が見えないということだと思います。

55

満鉄の超特急「あじあ号」デビュー　流線形が流行語に

昭和9（1934）年11月1日

満鉄の新型車両「あじあ号」が運行を開始。世界最高水準の最高速度120キロを誇り、魅力的な流線形の車体は大反響を呼んだ。

関口　昭和9年11月、独特な流線形の日本製新型車両「あじあ号」が南満州鉄道（満鉄）で運行を開始します。空気抵抗を少なくするため丸みを帯びた形を流線形といい、当時の技術の粋を集めたもので、最高速度は時速120キロ、世界最高水準でした。

流線形という言葉が新鮮に響いたのでしょうか、これによって「流線形」が大流行します。「流線形ジャズ」「流線形メロディー」「流線ぶし」「流線美の春」などなど、た

流線形ブームを巻き起こした満鉄の新型車両あじあ号

とえば「流線ぶし」は西條八十さんの作詞で、歌は市丸さんです。芸者から歌手になり、さまざまなヒット曲を飛ばして一時代を築いた方です。

保阪　あじあ号は満鉄理事を務めた十河信二（そごうしんじ）らの尽力によって完成したものです。十河は戦後、国鉄総裁となって、国鉄の車両の近代化にも力を注ぎました。

関口　つまり、あじあ号は、のちの新幹線のもとになったと言ってもいいのかもしれませんね。

このころ満鉄は鉄道業以外にも、石炭や鉄鉱石の採掘、製鉄所の運営、港の造営・管理など様々な産業に進出していました。この巨大な権益をめぐり関東軍、外務省、拓務省が主導権争いをしていましたが、昭和9年9月14日、陸軍中心の経営改革をする案を閣議決定し、その結果、満鉄の経営を軍が実質的に握ることになってしまいました。

保阪　そうはいっても軍自体に会社を経営するような能力はありませんから、軍が目をつけた、軍に近い経済人をトップに据え、軍の意向を汲んだ形で満州の重工業政策を進めていくことになるのです。

関口　言ってみれば下請けに実務を任せておいしいところを吸い上げているということですか。

保阪　ただ、軍部は株式会社の仕組みをあまり理解していないために、どうしても問題が起こります。会社が利益を上げたとき、なぜそれを株主に還元しなければいけないのか、軍がそのカネを使うのが当然という考えですから。

何人もの財界人が満州に行き、経営に当たりますが、そのたびに結局挫折して帰国するということを繰り返しています。たとえば、日本産業の鮎川義介(あゆかわよしすけ)も、「やはり軍とは一緒にやれない」と言って、東京に戻っています。

関口　それでも結局のところ、経営に対する関東軍の干渉を排除することはできなかったんですね。この後、関東軍は南満州鉄道に関する利権、権益を支配下に置くことになりますね。

保阪　軍の意向を聞かずに経営することはできないですから、結局のところ、関東軍が事実上の支配下に置くということになってしまいました。

大連にあった満鉄の本社社屋

56

昭和10（1935）年2月18日

美濃部達吉の「天皇機関説」はなぜ排撃されたのか

菊池武夫議員が貴族院で演説し、法学者の美濃部達吉博士の「天皇機関説」を批判する。これをきっかけに美濃部批判が高まり、貴族院議員辞任を余儀なくされる。

関口　昭和９年、「陸軍パンフレット事件」が起こります。

陸軍省新聞班が発表、配布した小冊子で、要約すると統制経済を強化し、国防強化のために経済機構などを軍が改革する必要がある、と主張しています。

保阪　この陸軍パンフレットは陸軍の統制派が書いたもので、通称「陸パン」と言われています。

美濃部達吉博士

文章自体は名文だと言われ、「戦いは創造の父、文化の母である」はよく引用される一節ですが、陸軍が政治に取って代わろうとする姿勢が現れているのです。それで政府のほうからは、これはちょっとおかしいんじゃないかと強い反発が出ました。

関口　天皇がくだした軍人勅諭に「軍人は世論、世の中の議論に惑わされず政治にかかわらず」とあるのに、その精神に反しているという批判が出たそうですが、当然でしょうね。

この件を議会で追及された林銑十郎陸軍大臣は、「研究のために公にしただけで、実行する考えはない」と釈明し、事態は一応の収束を見せますが、その一方で、軍はある学者に対して怒りの矛先を向けます。

この陸軍パンフレットを「全体を通して好戦的。軍国主義的な思想の傾向が著しく現れている」と言って批判した美濃部達吉(みのべたつきち)東京帝大教授が軍の標的になった。美濃部教授は、天皇機関説を唱えたことで有名な方ですが、その天皇機関説がここでまた蒸し返されることになりました。

昭和10年2月18日、貴族院本会議で元陸軍中将の菊池武夫(きくちたけお)議員が、美濃部達吉議員の「天皇機関説」は国体に背く学説であって、美濃部は学匪だと批判したんですね。学匪、つまり学術界の匪賊、悪者という意味でしょうか。

保阪 かなり侮蔑的であると同時に、存在そのものを否定するような強い言葉です。

関口 これに軍部はじめ国家主義団体、さらに倒閣を目論む政友会も加わって排撃運動が激化します。

美濃部博士の天皇機関説は、天皇というものは国家のなかの一機関であるとするものですが、菊池議員らは天皇主権説にのっとり、主権者たる天皇が直接国を統治すると主張します。政府もこの主張に屈してしまい、美濃部博士の著書を発禁処分にしたうえ、8月3日には国体明徴声明を発表します。天皇機関説は国体の本義に反し、我が国のあり方は天孫降臨の際に天照大御神（あまてらすおおみかみ）によって下賜されたご神勅によって明らかに示されていると。

大阪朝日

我學說への非難は
國民として忍從出來ぬ

けふ貴院本會議で
菊池男の所論に對し
美濃部博士の反駁

大阪朝日新聞（昭和10年2月26日付）

美濃部博士は不敬罪で告発され、不起訴にはなったものの貴族院議員辞任を余儀なくされてしまいます。そのとき美濃部さんは、「私の学説を覆すとか、著書が間違っているということではなく、今日の空気において議員を全うできなくなった」と話しています。

保阪 日本が軍主導の体制になっていくことを正当化する空気が社会の中心になっていました。明治15年の軍人勅諭にあるように、軍は古事記、日本書紀の記述を引きながら神であり大元帥である天皇に忠義を尽くすことを明確にし、天皇主権説を説いていますが、軍だけでなく、一般社会にもそのような考えが浸透してきた。美濃部博士は、そのような空気感を言っているのだと思います。

天皇機関説についても、「天皇を機関車に喩えるとは何ごとか」というような、誤った感情的な理解に基づく批判もありました。

関口 機関説と機関車はまったく違いますが、そんな混同をされたのですか。美濃部博士はその空気を考えて、貴族院議員を辞任しますと言ったところ、軍はそれにも猛反発し、空気とは何ごとだ、と政府にふたたび圧力

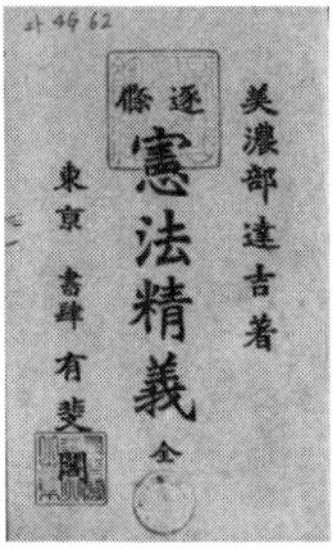

美濃部博士の著書
『逐条 憲法精義』

をかけた。政府は第二次国体明徴声明を発表し、天皇機関説は芟除、つまり取り除くとより強く否定して、ようやく事態が沈静化したのですね。

この事態を、天皇ご自身はどのように見ていたのでしょうか。

保阪 天皇が戦後、話したことを側近がまとめた『昭和天皇独白録』によると、天皇は私は天皇機関説の側にいる、機関説でいいではないか、と。私はそのようにふるまっていると言っています。そして、天皇を神格化する軍の動きに対し、私の人体は普通の人の身体と同じだ、神ではないと伝えたと語っています。

関口 しかしその天皇の意思に反し、社会の空気は天皇主権、神格化へと向かうのですね。いまの憲法は天皇をどのように捉えているのでしょう。

保阪 国民統合の象徴、象徴天皇としています。天皇はいっさいの権力を持たず、シンボル、象徴として存在するという形になっています。

57

二つ目の傀儡国家を狙う日本軍　華北五省に進撃

昭和10（1935）年6月10日

支那駐屯軍司令官の梅津美治郎と国民政府軍事委員の何応欽の間で梅津―何応欽協定を締結。これを足がかりに、日本軍は中国北部へ進出していく。

関口　昭和10年4月6日、満州帝国皇帝となった溥儀が、国賓として来日しました。天皇は溥儀を東京駅に出迎え、握手を交わす映像が残されています。溥儀は馬車で赤坂離宮へ向かい、観兵式に臨みます。歓迎の飛行機も飛んだといいますから、大歓迎ですね。

保阪　日本側はこうした一連のセレモニーによって歓迎の意思を示しています。溥儀自身は、日本

東京駅に溥儀を出迎えた天皇

の天皇と同格の扱いを望み、それだけの権威があると考えていた。日本側も最大限その気持ちに応えようとしていたと思います。天皇が東京駅まで出迎えたことはこれ以前になかったし、このあとも一度もありません。

関口　このときの天皇陛下のお気持ちはどうだったのでしょうか。

保阪　天皇の挨拶などを見ると、どこか一線を引いているように感じます。満州事変を経てできた国の皇帝に対して微妙な気持ちがあったのだろうと思います。

実はこのとき、大正天皇の皇后の貞明皇太后が、溥儀に非常に同情して歓待しています。溥儀もそれを恩義に感じて、私を実の息子のように歓待してくれる、その気持ちが嬉しいという歌まで詠んでいます。

関口　溥儀は日本に約20日間滞在し、京都や奈良、大阪、広島などを訪れました。その各地で官民をあげた歓待が行われました。東京駅には奉迎門がつくられ、花電車が走り、提灯行列が出た。奉迎大運動会を開催し、さらに記念絵はがきと記念切手まで発行されたそうです。新聞、ラジオが連日溥儀の動向を報じるなど、日本政府が溥儀の来日を一大セレモニーにしようとしたことが窺えます。

保阪 「満州国皇帝陛下奉迎歌」という歌までつくられ、溥儀が訪ねる場所の近辺の小学校では1ヵ月前から練習させられていたそうです。

関口 歓迎ぶりに感動した溥儀はこの訪日から戻ると「朕日本天皇陛下と精神一体の如し」という詔書を発表し、部下には、もし満州人で日本に仇をなす者がいればそれは満州帝国の皇帝に対する不忠であると伝えています。

保阪 溥儀はよほど嬉しかったのでしょうが、のちの東京裁判の際には「精神一体という言葉は後ろから日本軍に脅されて言ったことだ」と証言しています。彼の言葉はその場その場でころころ変わるので難しいのですが、少なくともこの昭和10年の時点では、歓待を受けたことが本当に嬉しかったのだろうと思います。

関口 このころ、華北分離工作が本格化してきます。華北地方の五つの省

靖国神社に参拝する溥儀

を国民党勢力から分離して日本側に取り込んでしまおうという工作です。

5月に河北省・天津で起きた親日新聞社社長らの暗殺事件を口実に、6月10日、河北省から中国軍を撤退させ、国民党機関の閉鎖、排日活動の禁止を話し合う梅津―何応欽（かおうきん）協定の取り決めが行われました。

さらに6月5日に熱河省西部で生じた日本と国民党の宋哲元（そうてつげん）軍の衝突を収めるために、関東軍の土肥原賢二司令官と秦徳純（しんとくじゅん）の協定が結ばれます。事件の責任者の免職と、排日機関を察哈爾（チャハル）省・察哈爾から撤退させ、満州帝国国境付近から宋哲元軍を撤退させるという内容でした。日本はこの二つの協定を足がかりに、中国進出を強めていくことになります。

保阪　蒋介石軍は兵士の数こそいましたが、必ずしも成熟した部隊とは言えませんでした。この段階で軍事衝突にいたれば日本軍の有利は明らかでしたので、一歩後退する戦略をとった。特にこのときは日本の仮想敵国であるソ連が軍事的に強さを失ってい

溥儀は行く先々で大歓迎を受けた

ましたから、日本はここぞとばかりに圧力をかけていきました。

関口　昭和10年11月25日、関東軍は中国国民政府の政治家・殷汝耕（いんじょこう）を担ぎ出し、「塘沽停戦協定」で定められた非武装地帯を中心に、傀儡政権「冀東（きとう）防共自治委員会」を樹立します。

この殷汝耕という人は日本の早稲田大学に留学していたそうですね。

保阪　日本留学時代に日本人の奥さんと結婚し、日本にかなり興味を持っていて、日本文化にも関心があったという人です。役人として蒋介石政府に仕えますけれども、それほど重要な地位にいたわけではない。そういう人を探し出してきて、日本の軍人たちが要職につけるのです。戦後は漢奸として裁判にかけられて死刑になる人が多いんですが。

関口　中国にとっての裏切り者になるわけですね。

日本が中国への進出を強めていくにつれ、大規模な抗日運動が起こります。昭和10年12月9日、現在の北京である北平（ペーピン）で、学生を中心に数千人が

溥儀来日を受けて発行された記念切手

華北自治の反対・内戦停止・抗日運動弾圧反対などを要求する「一二・九運動」を起こします。このときデモ隊が歌った「義勇軍行進曲」が、後に中国の国歌になるんですね。この曲は、抗日運動に立ち上がる青年を描いた映画「風雲児女」の主題歌でした。いまもオリンピックの表彰式などでよく耳にする勇ましいマーチです。

しかしこのデモ隊は国民政府軍や警察により鎮圧され、多くの逮捕者や負傷者を出すことになりました。

保阪　当時国民党で蔣介石の右腕だった陳立夫（ちんりっぷ）という人に、1990年代のはじめに台湾で訊いたことがあるんです。あのときなぜ学生たちの運動を押さえたのか、陳はこう言っていました。学生たちの言うことはたしかに当たっているし、彼らの情熱は大事にしなければいけない。しかし情熱はしばしば無用の争いを起こす。学生を呼んで、君たちの言うことはよくわかるが、いま私たちは力が弱い。時機を待ち、戦略を持って戦うときが来たら私たちは君たちとともに戦うと説得したと話していました。

関口　それが、のちの日中戦争ということになりますね。

日本側と協定を結んだ何応欽

58

昭和11（1936）年2月26日

二・二六　雪の東京に敷かれた戒厳令と天皇の怒り

国家改造を目指す皇道派の青年将校によるクーデタ、二・二六事件が発生。高橋是清蔵相、斎藤実内相が犠牲になったが、天皇の厳命により4日間で鎮圧された。

関口　昭和10年8月12日、陸軍の相沢三郎中佐が陸軍省に乗り込み、白昼堂々、軍の永田鉄山軍務局長を斬殺する事件が起こります。永田少将は、陸軍きっての俊才で第一次大戦後に欧州に留学し、帰国後は産業界を総力戦体制に再編するよう主導した陸軍統制派のリーダーでした。事

決起した青年将校たち

件の直前、皇道派の真崎甚三郎大将が更迭され、統制派の渡辺錠太郎（わたなべじょうたろう）大将に交代させられたことが、皇道派の怒りを買ったのですね。

保阪　前々章で見た天皇機関説の排撃を行ったのは主に皇道派です。天皇に主権があるという天皇中心の国家運営を主張していました。一方、統制派は軍内の課長、局長、師団長レベルの軍人が中心となって大蔵省など他省庁と勉強会などをし、総力戦に必要な財政、軍備などの体制を整備しようとしていました。皇道派の目には、統制派のこうした動きは天皇陛下を国家の一機関とする考えと近いと見えたのです。

関口　統制派のリーダー・永田を許せないと見た皇道派によって、斬殺事件が引き起こされました。そしてこれが、翌年の二・二六事件の伏線になります。昭和に入って何度もテロ、クーデタ未遂事件が繰り返されてきましたが、青年将校たちの動きを上官たちが抑えられない状態だったのですね。

保阪　軍内部が一本化されず、下剋上の状態になってしまっていたのだと思います。

関口　昭和11年2月、30年ぶりの大雪で都心にも雪の残った26日の早朝、陸軍の青年将校が、第一師団第一歩兵連隊などおよそ１５００名の下士官を率いて決起し、政府要人を襲撃しました。現在の皇居である宮城を取り囲むように、総理官邸や警視庁など16ヵ所を占拠し、高橋是清蔵相、斎藤実内相、渡辺錠太郎教育総監、松尾伝蔵大佐らが犠牲になりました。

事件を起こしたのは士官学校出の20代、30代の尉官が中心で、陸軍大学校を卒業していないため参謀への出世コースは望めず、隊付勤務についていた将校たちでした。

保阪　将校たちは地方の農山漁村から入営してくる兵士たちから地方の生活の窮乏ぶりを聞き、既存の政治や政治家に対するいら立ちとともに、国家改造を目指す皇道派にシンパシーをいだいていたのです。

関口　2月26日午前6時30分、青年将校たちは占拠した陸軍大臣官邸に川島義之陸軍大臣を呼び、蹶起趣意書と要望事項を伝えます。

斬殺された統制派の中心人物・永田鉄山軍務局長

「内外真に重大危急、今にして国体破壊の不義不臣を誅戮して稜威を遮り御維新を阻止し来れる奸賊を芟除するに非ずんば皇謨を一空せん」

つまり、尊皇討奸を旗印に昭和維新を断行して、天皇親政の政府を樹立する、と。応対した川島陸相はどう言ったんでしょうか。

保阪 川島陸相という人は、正直言って陸軍ではそれほど力のある人ではなかったんです。突然のことに、呆然としていたといいます。

関口 青年将校たちは要望事項も読み上げます。宇垣一成朝鮮総督、小磯国昭中将、建川美次中将の即時逮捕。根本博大佐、武藤章中佐、片倉衷少佐の即時罷免。荒木貞夫大将を関東軍司令官に任命しろと。

保阪 私が二・二六事件について不健全だと感じるところは、蹶起趣意書で高邁な理想を謳っていながら、同時に読み上げたこの要望事項は、言ってみれば陸軍内の派閥争いです。要求事項として実際的なことになると、途端に次元が低くなってしまうんです。

関口 26日の午前8時半、皇道派の真崎甚三郎大将が、決起部隊が占拠する陸相官邸に出向き、「とうとうやったか。お前たちの心はようわかっとる」と、決起部隊を支援するような発言をしたんですね。

保阪　真崎は皇道派の指導者的立場で、青年将校たちもこの人を頼りに決起したと言っても過言でないと思います。

関口　しかしここで、決起部隊に見込み違いが起きます。午前9時、川島陸相から事態を知らされた天皇は、「速やかに事件を鎮定せよ」と指令した。そしてほぼ30分おきに本庄侍従武官長を呼び、鎮圧を催促しました。

保阪　天皇は、発生当初から断固鎮圧です。いっさいの理由はないと。事件の発生から収束までの4日間、天皇の姿勢はまったくブレることがありませんでした。

関口　26日午後、軍事参議官会議が開かれ、川島陸相、真崎大将、荒木貞夫大将、林銑十郎大将、山下奉文少将らが青年将校の懐柔策を検討したんですね。

保阪　この会議を主導したのは荒木大将です。「この事件はまことに不幸であるけれども、彼らの至情は理解できないわけでもない」と言い、彼らの志を生かした政治をしていかなければいけないと皇道派的な発言をして、

皇道派の中心人物、荒木貞夫

それを文書にまとめ、陸軍大臣告示として発表しました。その内容は決起部隊を正規軍として認め、彼らに占拠地帯の警備にあたる任務を与えようというものだったのです。

関口　しかし、またもや事態は一変します。27日未明に枢密院会議が開かれ、東京市に戒厳令を敷くことが決定されて、午前3時40分に施行されます。これはすぐに新聞にも出るんですね。官民一致言動を慎み戒厳の万全を期せよ、と報じられます。戒厳司令部は軍人会館、のちの九段会館に設置され、戒厳司令官には香椎公平中将が任命され、戒厳参謀には参謀本部作戦課長になっていた石原莞爾が就任しました。

　天皇は27日午前8時20分、「戒厳司令官は三宅坂付近を占拠しある将校以下を以て速やかに現姿勢を撤収し各所属部隊の隷下に復帰せしむべし」という奉勅命令を裁可しました。ところがこの命令が、すぐに下達されなかった。

保阪　戒厳司令官の香椎中将は皇道派寄りの姿勢をとっていましたし、軍の皇道派寄りの幹部が、「青年将校を説得するから、少し待て」というこ

陸軍の重鎮、
真崎甚三郎

とで示達を控えるんです。天皇の奉勅命令の実効性を削ぐような動きなんです。

関口　このころ、本庄侍従武官長は天皇に、将校たちの行動は国を思ってのことで、必ずしも咎めるべきものではございませんと伝えるのですが、天皇は「朕が股肱の臣、老臣を殺戮す、かくのごとき凶暴の将校ら、その精神においても何の許すべきものありや」と激しく反発しています。

天皇の一貫した姿勢と、戒厳司令部の設置によって、決起部隊に同情的だった陸軍上層部の姿勢もようやく変化します。決起部隊を反乱軍として扱うようになるんですね。そこで青年将校たちは真崎大将に事態の収拾を一任したいと要望し、真崎大将がふたたび決起部隊の拠点の陸相官邸に行くんですが、真崎大将の態度は一変していました。

戒厳命令は奉勅命令だから、これに反するということは錦旗に反することになると。連隊長の命令に従わなければなんの処置もできない、と突き放したんですね。

保阪　真崎は、奉勅命令でいかに天皇の怒りが激しいかを知った。それに

戒厳司令部のおかれた
軍人会館（現・九段会館）

よって態度を変えていくわけです。天皇陛下の命に従わないのであれば、逆賊になると言い出すのです。

関口 これが二・二六事件の大きな節目になりますね。戒厳参謀の石原莞爾も、青年将校たちに対して、降伏するならばよし、さもなければ殲滅すると通告し、実際に仙台や宇都宮、甲府、佐倉から続々と兵力を東京に集めています。

そして27日の午後には、首相官邸にいた岡田啓介(おかだけいすけ)首相が救出されます。前日、首相官邸に押し寄せた決起部隊は、たまたま訪れていた岡田の義弟・松尾伝蔵大佐を首相と人違いして殺害し、岡田首相は押し入れに隠れて九死に一生を得ました。

保阪 岡田の家族、秘書官らが首相の亡骸(なきがら)にお会いしたいと言って官邸に行き、松尾の遺骸を見て大げさに泣いてみせるんです。官邸のなかで、ある部屋の押し入れの前に二人の女中が座って動かない。小

岡田啓介首相は人違いにより危うく難を逃れた

声で、「首相はここにいるのか」と聞くと、「はい、そうです」と答えた。そこで弔問客を装った高齢者10人が官邸に入り、首相はその弔問客にまぎれて、無事官邸を離れたというドラマがありました。

関口　このころ、海軍も事件発生の予兆を察知し、当初から決起部隊は反乱軍であると位置づけて、連合艦隊40隻を東京湾・お台場沖に集約、海軍陸戦隊を出動させるなど、いざというときは陸軍と対峙する構えで動いていました。連合艦隊の戦艦長門はその主砲の照準を国会議事堂などの決起部隊占拠地帯にあわせていたと。届くんですね、お台場から。

この後、29日午前9時に決起部隊に対する総攻撃開始を決定し、ようやく決起部隊は投降、首謀者の野中四郎大尉は自決し、安藤輝三大尉も自決を図るものの未遂に終わりました。

事件後、陸軍内の権力構造に変化が起こり、荒木や真崎ら皇道派が一掃されて予備役となり、杉山元中将、梅津美治郎中将、東条英機少将らが主役となっていきます。

保阪　二・二六事件が発生した直後に電報を打って青年将校の動きは断固

二・二六事件のあと、歴史の表舞台に登場する東条英機

取り締まれと言った人間が二人いまして、一人は仙台の陸軍第二師団長の梅津、もうひとりが満州の関東軍参謀長の東条でした。東京にいた軍幹部は決起部隊への同情論もあってグラグラしていましたが、とにかくすぐに討伐せよと言った二人がこの後、発言力を強めていきます。

二・二六事件のあと、次代の指導者になっていくのです。

関連年表

大正	国内	海外
1912年（元年）	7月30日 明治天皇が崩御、新天皇が即位❶ 12月 第一次護憲運動を開始	
1913年（2年）	2月10日 護憲運動の群衆、議会を取り巻く 12月23日 立憲同志会結党、総裁に加藤高明	8月8日 第二革命に失敗した孫文が日本に亡命
1914年（3年）	1月23日 議会でシーメンス事件を追及 8月23日 ドイツに宣戦布告、第一次世界大戦に参戦❷	6月28日 オーストリア皇太子夫妻、サラエボで暗殺される
1915年（4年）	1月18日 中国政府に21ヵ条の要求を提出❸ 3月25日 総選挙実施❹ 9月1日 井上馨没	
1916年（5年）	大戦景気で東京株式市場暴騰	5月31日 英独ユトランド海決戦でイギリスが勝利❺ 6月6日 袁世凱没
1917年（6年）	6月11日 地中海に派遣された駆逐艦・榊が大破❻ 9月12日 金輸出禁止（金本位制の停止）	1月31日 ドイツ、無制限潜水艦（Uボート）作戦を宣言 11月7日 ロシア・ペトログラードで労働者、兵士が蜂起❼
1918年（7年）	8月12日 日本軍がウラジオストクに上陸❽ 8月14日 全国で米騒動発生・新聞報道を禁止❾ 9月29日 原敬が内閣総理大臣就任❿	11月11日 ドイツ、連合国と休戦協定調印⓫

白ヌキ数字は本書各章に対応しています

大正		
1919年（8年）	1月 内務省衛生局が「流行性感冒予防心得」発表⑫ 2月7日 国際連盟規約委員会で日本代表が人種差別撤廃を提案	1月18日 パリ講和会議開会⑬ 6月28日 ベルサイユ条約調印⑭ 8月14日 ドイツでワイマール憲法公布
1920年（9年）	3月12日 尼港事件発生⑮ 12月9日 堺利彦ら「日本社会主義同盟」を結成	1月10日 国際連盟発足
1921年（10年）	5月7日 裕仁皇太子が渡欧⑯ 11月4日 原敬首相が東京駅で刺殺される⑰ 11月25日 裕仁皇太子が摂政に就任⑱	12月13日 ワシントン会議で「4ヵ国条約」締結⑲
1922年（11年）	1月10日 大隈重信没 2月1日 山縣有朋没 3月3日 全国水平社結成 7月15日 山川均、堺利彦ら共産党を結成⑳	2月27日 孫文、桂林より北伐を開始
1923年（12年）	2月28日 帝国国防方針を改訂㉑ 9月1日 震度7の巨大地震、関東大震災が発生㉒ 9月16日 甘粕事件発生 12月27日 皇太子の車が銃撃される「虎ノ門事件」発生㉓	
1924年（13年）	1月26日 皇太子ご成婚 11月24日 孫文、神戸で「大アジア主義」演説	5月26日 アメリカで排日移民法が成立㉔ 11月5日 溥儀が北京を離れ、天津に逃れる㉕

		国内	海外
大正	1925年（14年）	3月29日 普通選挙法成立 4月22日 治安維持法を制定㉖ 11月1日 山手線の環状運転開始㉗	3月12日 孫文、北京で病没
	1926年（元年）	12月 改造社の『現代日本文学全集』刊行開始㉘ 12月25日 大正天皇が崩御、新天皇が即位㉙㉚	6月10日 朝鮮で反日万歳示威運動
昭和	1927年（2年）	3月14日 片岡直温蔵相が衆議院予算総会で失言㉛ 4月5日 神戸・鈴木商店が取引停止を発表 6月27日 第二次東方会議開催㉜ 12月30日 浅草―上野間に地下鉄開業㉝	
	1928年（3年）	6月4日 張作霖爆殺事件発生㉞ 11月10日 即位の礼	7月28日 アムステルダム五輪開幕㉟ 8月27日 「パリ不戦条約」に世界各国が調印㊱
	1929年（4年）	5月19日 陸軍中堅将校が「一夕会」結成㊲ 7月2日 田中義一内閣総辞職㊳	10月24日 ニューヨークで株価大暴落、世界恐慌に発展
	1930年（5年）	1月11日 金本位制に復帰㊴ 2月26日 全国で日本共産党員を大検挙 11月14日 浜口雄幸首相が東京駅で狙撃され重傷㊶	1月21日 ロンドンで海軍軍縮会議開催㊵

昭和		
1931年（6年）	1月23日　松岡洋右議員が「満蒙は日本の生命線」演説㊷ 9月18日　柳条湖爆破事件発生㊸ 10月17日　陸軍内の秘密結社「桜会」のクーデタ計画発覚㊹	11月10日　溥儀が天津を離れ、満州へ脱出㊺
1932年（7年）	1月7日　関東軍に「支那問題処理方針要綱」伝達㊻ 1月28日　第一次上海事変発生㊼ 2月29日　リットン調査団来日㊽ 3月1日　満州国建国 3月5日　血盟団事件発生。団琢磨が狙撃され絶命㊾ 5月15日　五・一五事件発生㊿ 9月15日　満州国を承認する日満議定書に調印(51)	
1933年	7月11日　神兵隊事件発生(52)	1月30日　ドイツでヒトラーが首相就任
1934年（9年）	9月21日　高知・室戸岬に巨大台風が上陸(54) 11月1日　満鉄新型車両特急「あじあ号」が運行開始(55)	3月1日　満州国が帝政となり、溥儀が皇帝に(53) 3月9日　土竜山事件発生
1935年（10年）	2月18日　菊池武夫議員が「天皇機関説」批判演説(56) 4月6日　溥儀来日 6月10日　梅津－何応欽協定を締結(57)	
1936年	2月26日　二・二六事件発生(58)	

「関口宏のもう一度！
近現代史」は
BS-TBS、
BS-TBS4Kで毎週土曜、
12：00～12：54放送中

〈番組スタッフ〉
構成：武田隆　若林淑子
・TBSスパークル
プロデューサー：別部時彦
演出：世良史朗　岩井俊幸　田口悦子
AD：池上希生
・ゴッズダイナミックワールド
プロデューサー：後藤史郎
演出：相田茂雄　斎藤元輝
AD：萩野幹大
三桂
清水康三／龍田耕一
アシスタントプロデューサー：世良田光
制作プロデューサー：平賀渉

写真・図版出典一覧（順不同）

国立国会図書館
衆議院憲政記念館
鳴門市ドイツ館
アメリカ議会図書館
軍艦島デジタルミュージアム
灸まん美術館
旭川市
フランス国立図書館
国立公文書館
都立中央図書館（「震災絵葉書帖」「悲しき思いでの東京大震災實況」）
中央区立京橋図書館
株式会社三越伊勢丹ホールディングス
サントリーホールディングス株式会社
織田幹雄記念館
鶴岡市郷土資料館
松本市歴史の里
高砂市
堺利彦・葉山嘉樹・鶴田知也の三人の偉業を顕彰する会／みやこ町歴史民俗博物館寄託
共同通信社
時事通信社
朝日新聞社
ゲッティイメージズ

関口 宏（せきぐち・ひろし）

1943年、東京生まれ。1963年NET（現テレビ朝日）シオノギ劇場「お嬢さんカンパイ」でデビュー。その後、「青い山脈」「花と果実」「旅路」「元禄太平記」「油断」などのテレビドラマや、東宝「社長シリーズ」、日活「白鳥」「四つの恋の物語」などの映画にも出演。

9年間フジテレビの「スター千一夜」の司会を務めた後、TBS「クイズ100人に聞きました」「わくわく動物ランド」「関口宏の東京フレンドパーク2」「サンデーモーニング」、読売テレビ「ワンダーゾーン」「関口宏のびっくりトーク ハトがでますよ！」「輝け！噂のテンベストショー」、日本テレビ「知ってるつもり⁉」など幅広いジャンルの番組で司会者として活躍。

保阪正康（ほさか・まさやす）

1939年、札幌市生まれ。同志社大学文学部卒業、ノンフィクション作家。「昭和史を語り継ぐ会」主宰。昭和史の実証的研究を志し、延べ4000人もの関係者たちに取材してその肉声を記録してきた。個人誌『昭和史講座』を中心とする一連の研究で、第52回菊池寛賞を受賞。『昭和史 七つの謎』（講談社文庫）、『あの戦争は何だったのか』（新潮新書）、『東條英機と天皇の時代（上・下）』（文春文庫）、『昭和陸軍の研究（上・下）』（朝日選書）、『昭和の怪物 七つの謎』『近現代史からの警告』（以上、講談社現代新書）、「昭和史の大河を往く」シリーズ（毎日新聞社）など著書多数。

＼好評既刊／

関口宏・保阪正康の もう一度！近現代史 明治のニッポン

激動の時代
明治を知れば、いまがわかる。
近現代史研究の第一人者と名司会者が語りあう人気番組を書籍化。
大反響、重版続々

〈主な内容〉
江戸城開城！　大奥千人の美女はどこへ消えた？
「ボウズヲシサツセヨ」西郷隆盛暗殺計画
カメハメハから七代目、ハワイ国王カラカウアが来日！
素行不良に、色恋沙汰　華族たちの事件簿
日本軍部の仕掛けた謀略　閔妃殺害事件の真相
大正天皇妃は高円寺村で育てられた「健康優良児」
日露戦争開戦！　大活躍した元大工たちの「工兵隊」
「私は皇太子の教育に失敗した」とつぶやいた明治天皇……ほか

講談社　定価：1760円（税込）
四六判　304ページ
ISBN 978-4-06-520240-1

関口宏・保阪正康の
もう一度！近現代史 戦争の時代へ

2021年11月16日　第1刷発行
2022年 7 月 6 日　第3刷発行

著　者　関口宏　保阪正康
©Hiroshi Sekiguchi,Masayasu Hosaka,BS-TBS 2021, Printed in Japan

発行者　鈴木章一
発行所　株式会社講談社　KODANSHA
〒112-8001
東京都文京区音羽2-12-21
電話　編集 03-5395-3522
販売 03-5395-4415
業務 03-5395-3615

構　成　真田晴美
イラスト　白根ゆたんぽ
帯写真撮影　片山菜緒子
装　幀　鈴木美里（キトミズデザイン合同会社）
組　版　清水絵理子（キトミズデザイン合同会社）
地図制作　アトリエ・プラン
印刷所　株式会社ＫＰＳプロダクツ
製本所　株式会社国宝社

ISBN978-4-06-526335-8